O seu futuro depende de você

Cesar
ROMÃO
Motivação para TRANSFORMAÇÃO

O seu futuro depende de você

Academia

Coordenação editorial: Débora Guterman
Capa: Marcílio Godoi
Revisão: Tulio Kawata
Projeto de miolo e diagramação: Gustavo Abumrad

Dados Internacionais de Catalogação na Publicação (CIP)
(Câmara Brasileira do Livro, SP, Brasil)

Romão, Cesar
O seu futuro depende de você / Cesar Romão. – São Paulo : Editora Academia de Inteligência, 2008.

Bibliografia
ISBN 978-85-60096-40-4

1. Auto-ajuda - Técnicas 2. Auto-realização
3. Conduta de vida 4. Espiritualidade
I. Título.

08-09779 CDD-158.1

Índices para catálogo sistemático:
1. Auto-ajuda : Psicologia aplicada 158.1

2008

Editora Academia de Inteligência Ltda.
Avenida Francisco Matarazzo, 1500 – 3º andar – conj. 32B
Edifício New York
05001-100 – São Paulo-SP
www.academiadeinteligencia.com.br
www.editoraplaneta.com.br
vendas.academia@editoraplaneta.com.br

Para o amigo e
mestre inspirador
Og Mandino

Sumário

Com efeito, uma árvore é conhecida
por seu próprio fruto.

Lucas 6, 44

Apresentação

TODOS TEMOS ADVERSIDADES A SEREM vencidas diariamente, mas nem por isso devemos deixar que elas interfiram no nosso dia-a-dia e, muito menos, em nossas relações afetivas, fazendo com que reclamemos de nossa sorte ou futuro.

O caminho para o futuro está em nossas mãos e temos de saber como lidar com ele.

Não devemos deixar nosso futuro condicionado às adversidades da vida, o futuro não é passível de previsão, ele acontece de acordo com o processo de construção que designamos.

Temos de buscar nosso futuro de maneira individual, mas com a colaboração de quem confiamos – e, principalmente, acreditar nas energias positivas do universo.

Nas correspondências que recebo, assim como nos contatos pessoais ao término de minhas palestras e cursos, sempre noto a maioria das pessoas buscando um futuro melhor, mais promissor, com mais segurança e algumas outras coisas que são próprias de sua maneira de viver.

As pessoas buscam esse futuro diferente e melhor.

Mas entristece-me o fato de que elas apenas buscam, não fazendo nada para atingir aquilo que realmente almejam.

Nos dias atuais, buscar algo melhor em nossa vida pessoal ou profissional não é o suficiente.

Não basta querer vencer, as pessoas têm de se preparar para vencer!

E esse preparo envolve muito mais que uma busca, exige estratégia, foco, disciplina, meta, perseverança e fé.

Temos de agir como se estivéssemos num grande estúdio filmando nossa própria vida, e para esse filme não basta uma câmera na mão e uma idéia na cabeça.

Hoje são necessários uma câmera na mão, uma idéia na cabeça e um *roteiro a ser executado* com visão e capacidade de transmitir sentimentos e emoções, que compõem e alimentam a alma do ser humano.

Como somente a esperança em um futuro mais promissor pode gerar força no presente, é fundamental que a visão do seu dia de amanhã não seja a de mais um dia que o mundo vai lhe dar, mas sim a de um dia em que o mundo lhe ofereceu mais uma oportunidade de realizar algo que lhe dê satisfação e felicidade.

As pessoas sabem aquilo que querem do mundo, mas não têm consciência de como tornar esse desejo possível pelo simples fato de não possuírem um método que as conduza aos seus objetivos.

Este livro é muito simples: certamente nele você encontrará idéias que já conhece ou sobre as quais já ouviu falar, e sua vida continua a mesma por não tê-las colocado em prática.

Esta não é uma obra para ensinar, é uma obra para despertar a grande pessoa que está dentro de você.

Qualquer doença é curada por uma metodologia de tratamento médico que leva algum tempo para fazer efeito e exige respeito às recomendações do profissional que o assiste.

Para criar o seu futuro, também é necessária uma metodologia que, mesmo sendo simples, surtirá efeito dentro de um determinado período, desde que colocada em prática.

Este livro contém textos reflexivos e instigantes, baseados em *princípios* que serão capazes de fazer de você uma pessoa com capacidade arquitetônica de planejar, desenhar e executar sua obra de vida. Eles são, na realidade, métodos de atuação aplicáveis à sua existência, visando a seu crescimento pessoal e profissional.

Ao ler este livro, você perceberá que toda montanha é atraente até que resolvamos escalá-la. Mas você poderá escalá-la, após submeter-se às regras que o levam ao topo, onde fincará sua bandeira e pensará: "*Foram pequenas coisas, pequenos passos, pequenos movimentos, pequenas disciplinas, que concretizaram essa grande realização*".

Aqui você encontrará pequenos passos que, com certeza, irão conduzi-lo ao seu grandioso futuro. Você pode até fazer um galo subir numa árvore, mas é mais fácil e prático contratar um esquilo se realmente precisa de algo que está na árvore. Talvez você esteja resolvendo do seu jeito as coisas, mas, se encontrar um jeito mais eficaz, vai conseguir transformar seu esforço em resultado positivo e tornar-se uma pessoa ainda mais competente.

Seu destino é sua responsabilidade; ou você constrói seu destino ou vai terminar por viver o destino enlatado disponível nas prateleiras do mundo e não será este o destino que fará de você uma pessoa ainda mais especial.

Utilize os *princípios* contidos no livro e logo você terá força emocional, espiritual, racional e profissional para alcançar tudo aquilo que decidiu fazer.

Os pilares de nossa existência são baseados em Valores e Princípios. Valores são as coisas mais importantes de nossa vida, aquelas pelas quais faríamos qualquer coisa para manter, amar e respeitar. Princípios são os comportamentos que temos diante das situações existenciais que envolvem os nossos Valores, comportamentos que vão preservar de forma nutritiva tudo aquilo que admiramos e queremos bem perto de nossa vida e nosso coração.

Antes de dar início à leitura deste livro, faça uma relação de Valores da sua vida, inclua nessa relação as coisas que julga mais importante para você, não importa quantas sejam. E daqui para frente procure sempre estabelecer Princípios como os contidos nesta obra para nunca prejudicar nenhum de seus Valores.

Ex.: Se na relação de seus Valores você inseriu seus Pais em um dos itens, jamais faça nada para decepcioná-los ou desrespeitá-los, apenas para causar-lhes orgulho. Se inseriu seu trabalho, seja sempre uma pessoa ética na sua atuação profissional...

Valores são preservados por Princípios, esta é uma das razões deste livro ser baseado em Princípios.

A grande diferença em nossa vida é feita pela percepção, ver nosso comportamento através de Princípios nos torna crescentemente perceptivos ao que nos fará ainda mais felizes.

Cumprir a vida e construir um Futuro promissor é compreender a marcha, a estrada é longa, mas é linda. Vale a pena segui-la.

Espero que este livro seja seu companheiro na estrada em direção ao Futuro especial que o espera.

O tamanho de nossas realizações tem o tamanho de nossa coragem.

Valores controlam nosso comportamento, Princípios controlam as conseqüências.

Cesar Romão

O que é o futuro?

O FUTURO NÃO É AQUILO QUE ACONTECERÁ em sua vida ou em seus negócios, assim como não é o que você julga estar previsto em seu destino.

Muitas vezes deixamos de tomar decisões que seriam fundamentais no presente por acreditar que nosso futuro poderá mudar. Porém, com o passar do tempo, percebemos que a situação não mudou e, às vezes, ficou até pior.

Expectativa de futuro nada acrescenta ao seu destino de vida ou mesmo aos negócios.

Inúmeras pessoas possuem uma idéia tão equivocada de futuro que acabam sepultando suas vidas presentes. Esquecem-se de que tiveram tempo de crescer e ainda estão aptas a crescer, parecem adultos tentando vestir roupas de bebê ou organizações tentando reinventar a roda. São pessoas que sabem ler e não lêem, portanto não possuem nenhuma vantagem sobre aquelas que não sabem ler.

Se o futuro tivesse energia própria, bastaria a você ficar quieto na vida, desfrutando de tudo que essa energia supostamente lhe reserva. Seria como pensar: "*Eu nasci e vou morrer mesmo, meu futuro já está traçado! Para que fazer algo?*".

Alguns povos do mundo têm essa visão, motivo pelo qual a miséria é seu produto interno bruto.

Assim como a miséria é o resultado para todos os que pensam da mesma maneira que esses povos, o medo, a insegurança, a incerteza, o desânimo e a falta de esperança são o resultado para todos aqueles que ficam inertes aguardando algo do futuro.

O futuro é o reflexo da energia com que vivemos o presente, o hoje e o agora. Ele não é aquilo que fazemos dele, mas sim aquilo que investimos nele.

Deixe de ser uma pessoa hipnotizada pela crítica que enfraquece seu potencial, ame mais seus ideais do que seus problemas, pare de cometer esse tipo de abuso emocional com você. Cem gramas de pretensão valem um quilo de cura.

À medida que algumas pessoas vivem suas experiências, vão colocando distância emocional no seu jeito de viver, e isso funciona como se hoje fosse ontem e hoje não é ontem, o hoje é nosso amanhã.

Em um de meus cursos, certa vez um militar americano me disse que a maior tristeza de alguém que luta no mar é ver seu destróier afundar sem ter disparado seus torpedos.

Você não pode deixar a vida levá-lo para onde ela quiser. A vida é uma ferramenta para servi-lo e não para conduzi-lo. Esgote suas possibilidades de vencer e ser feliz, o sucesso tem muitos pais, mas o fracasso é um órfão. Sinta orgulho de você mesmo quando as coisas não estiverem a seu favor. Não permita que seu destróier afunde sem ter disparado todos os seus torpedos.

Algumas pessoas não sabem o que fazer com sua vida enquanto suas crenças são destruídas. Nosso comportamento nas horas difíceis é que constrói os fatores que nos tornam pessoas notáveis ou esquecíveis.

Torne-se uma unidade de propósito rumo ao seu Futuro.

Independentemente de sua vontade, queira ou não, o lugar chamado "Futuro" é onde você irá resgatar o saldo de sua existência. Compreendê-lo é fazer dele um aliado valioso no decorrer de sua vida. Desprezá-lo é criar um inimigo que se alimentará de suas lamentações e arrependimentos.

Princípio da generalidade ambulante

Ao escrever o livro *Alice no País das Maravilhas*, em 1866, Lewis Carroll criou o personagem Coelho Branco, que corria o tempo todo com um relógio na mão dizendo que estava atrasado e, mesmo quando sua casa estava quase toda destruída e incendiada, continuava correndo e dizendo que estava atrasado. Corria o tempo todo para lugar nenhum e estava sempre atrasado para nada.

Muitas pessoas fazem isso em seu dia-a-dia: correm, correm e, ao término do dia, nada acrescentaram ou ganharam em suas vidas. Mesmo assim continuam correndo – são verdadeiras generalidades ambulantes.

A baleia é a rainha do mar, um mamífero majestoso. Tem liderança, sabe unir o grupo, não se perde em seu mundo, mas também é uma generalidade ambulante, pois não tem senso de direção. Apesar de todas essas qualidades, muitas morrem atoladas nas praias – nadam, nadam, nadam e morrem na praia.

Um exemplo disso: em 29 de outubro de 1998, numa pequena ilha da Nova Zelândia, trezentas baleias encalharam na praia e morreram por não conseguir definir a profundidade de onde estavam.

Muita gente nada, nada, nada e também morre na praia por ser uma generalidade ambulante, pois vive sem senso de direção.

Para não ser vítima dessa síndrome, que tem deixado muitas pessoas no mesmo lugar, apesar de andarem muito, é necessário conhecer e praticar alguns princípios por meio dos quais um futuro é construído.

Não seja uma generalidade ambulante.

Princípio da verdade

Parece difícil acreditar que ela ainda existe – não só existe, como é a única maneira de conservarmos aquilo que desejamos e conseguimos. A verdade é uma alavanca que, embora apodrecida, sustenta o mundo.

Viver na mentira é morar em um castelo de areia!

Viva a sua verdade, não importa se às vezes ela o abandonar. Lembre-se de que a verdade é filha do tempo, ninguém é seu dono.

Sem verdade não há fato que se sustente ou reino que se agüente.

Quando o mundo era jovem, foi feita uma reunião dos deuses no monte Olimpo para decidir se os homens e as mulheres deste mundo poderiam receber a verdade a fim de moldar suas vidas de acordo com as dos deuses.

Depois de uma demorada discussão, com opiniões tanto a favor como contra, os deuses mais velhos decidiram que dariam ao homem o maior tesouro de todos: a Jóia da Verdade.

Essa tarefa foi então entregue a um dos deuses mais novos, que há muito tempo vinha pedindo aos mais velhos uma missão importante em benefício da humanidade.

Estava tão contente com sua missão e com a responsabilidade para com a humanidade que, no instante em que pisou na Terra, tropeçou e caiu. Nesse momento, a Jóia da Verdade, que estava em suas mãos, se quebrou, espalhando-se em milhões de pedacinhos.

Os deuses do monte Olímpo aborreceram-se. O escolhido ficou muito deprimido, pois seu acidente provocou muitos problemas e confusões: os homens viviam encontrando pedacinhos da Jóia da Verdade e imaginavam que fossem os únicos donos dela.

Não minta, não engane, não iluda!

Nunca prometa algo que não poderá cumprir.

Viva com seu "pedacinho de verdade" até encontrar uma verdade maior pelo caminho.

Conta a lenda do rei Arthur que, pouco antes de sua morte, o mago Merlim o toma nos braços e pergunta: "Majestade, onde o reino deve se estruturar após sua morte?" O rei Arthur responde: "Na verdade, Merlim, cada vez que alguém se afasta da verdade, perde uma de suas preciosas partes..."

Desvendando seu passado

Se você não fechar as fendas que o passado abriu em seu caminho, elas se transformarão, no seu íntimo, em um imenso labirinto que será seu companheiro inseparável.

O ferimento, quando tocado, provocará dor, mas essa dor já terá ficado sua amiga, deixando-lhe a sensação de que sem ela não conseguiria viver.

As pessoas são apegadas demais ao passado, ou por não terem perspectivas de futuro ou por não conseguirem estabelecer novos objetivos em suas vidas. Dessa maneira, apegam-se a tudo aquilo que está mais próximo em seu interior, ligado a seu passado.

O indivíduo que perde o emprego e não consegue outro, fica achando que aquele era o melhor emprego do mundo e que nunca mais terá outra oportunidade como aquela. Na realidade, pensando assim, não terá mesmo.

A pessoa que termina seu casamento e não consegue mais amar e ser amada cria a convicção de que aquele era o casamento ideal e de que nunca mais poderá voltar a ser feliz. E, pensando assim, não será mesmo.

Apegar-se ao passado é como estar em uma briga com pessoas muito mais fortes que você, quando o mais lógico e sensato seria sair correndo, mas você fica ali, olhando para todos os lados, recolhendo paus e pedras que estão próximos para continuar na briga, mesmo sabendo que nunca vencerá.

O único bem do mundo que precisa do passado para poder existir e ser útil à humanidade são os livros de história.

Você pode estar pensando: "Ah, Cesar Romão, você não sabe o que é ser criado por um pai alcoólatra e agressivo; você nem imagina quanto eu já sofri pela minha doença; você não conhece nem metade de tudo que já passei na vida; você não tem idéia de quanto desprezo tive de suportar; você não agüentaria tudo que agüentei; você não calcula o quanto já ralei até aqui; você não acreditaria se eu lhe contasse tudo sobre meu passado; você não..."

Chega de pensar que leva uma vida difícil, chega de sentir pena de si mesmo, afirmando que deve ter atirado pedra na cruz ou passado roupa na Tábua dos Dez Mandamentos para sofrer tanto.

Seu passado foi importante porque o trouxe até onde você está agora. Porém, o passado não é tão importante quanto o futuro.

A maneira de ver seu futuro determina seu modo de pensar hoje.

Suas idéias de hoje determinam seu desempenho hoje e seu desempenho hoje tem influência direta sobre seu amanhã.

Você pode ter tido experiências traumáticas no passado, como quase todos nós tivemos, mas, por piores que tenham sido, não deve torná-las tão importantes a ponto de interferirem no seu modo de encarar o futuro.

Tudo o que lhe aconteceu não é o fator mais decisivo de sua vida. O mais importante é como você encarou esses acontecimentos. Não é onde você começa que o torna especial, mas sim aonde você chega.

Você não deve viver encarando seu passado através da janela da vida, mas, sim, olhando-se internamente. Afinal, o que já aconteceu não dá para mudar, mas pode fazê-lo compreender que, se existe esperança no futuro, existirá poder no presente.

Muita gente não se livra dos grilhões do passado porque passa a vida lamentando-o em vez de compreendê-lo, encarando-o como parte de um caminho já percorrido na trilha de sua existência.

Princípio do perdão

Não perdoar é aumentar sua carga dia a dia enquanto escala uma montanha, ficando cada vez mais difícil chegar ao topo com tanta bagagem inútil. O perdão não é simplesmente um ato de sentimento, é um ato de inteligência.

Perdoe e coloque em seu futuro a aceitação de seus valores como ser humano. É a compreensão de que os erros são oportunidades para o crescimento, para a consciência e para o cultivo da compaixão, que expandirá o amor por você e por aqueles que o cercam.

O perdão é o elemento que mantém o universo em equilíbrio. Ele é sua única oportunidade de conseguir liberdade e alívio e, para praticá-lo, basta uma mudança na percepção, um outro jeito de ver as pessoas e as circunstâncias que nos causam dor e sofrimento.

O motivo mais óbvio para o perdão é que, por meio dele, abandonam-se os efeitos anestesiantes da raiva e do ressentimento. Você não ganha absolutamente nada pendurando ressentimentos pelo seu corpo como se fossem enfeites de Natal.

Faça sempre o melhor possível por você, a qualquer momento, com base no nível de amor, medo ou conhecimento que estiver vivendo.

PERDOE!

A porta do Céu é pequena não para dificultar a entrada das pessoas, mas para não deixar passar aqueles que carregam algum ressentimento.

Nem sempre ter razão nos traz felicidade. Fique com sua razão, não abandone a felicidade – PERDOE!

Princípio do arrependimento

Ninguém pode mudar aquilo que já passou, mas pode trabalhar para melhorar o que está por vir. De nada adianta arrepender-se de algo que não tenha dado certo no passado. De alguma maneira, aquilo deve ter provocado algum efeito benéfico em sua vida hoje. Nada é em vão. Os motivos são mágicos e muitas vezes fogem à nossa compreensão e só mais tarde entendemos o sentido dessa magia.

Às vezes nos casamos com a pessoa errada, nos arrependemos, mas depois sorrimos, pois reconhecemos que tivemos os filhos certos.

O dr. Roy Plunkett, químico renomado, fez uma experiência que lhe rendeu comentários do tipo: "Puxa, você deve estar arrependido por ter desperdiçado tanto tempo com esse trabalho!"

Esses comentários vieram logo após ele ter aberto a proveta e verificado que, aparentemente, não havia nada nela. Ficou muito intrigado e começou a perguntar-se: "Por quê?", em vez de remoer-se de arrependimento.

Ele não a jogou fora, como seus colegas recomendaram. Resolveu pesá-la e, para surpresa geral, ela estava mais pesada do que as outras iguais do laboratório.

Novamente indagou-se: "Por quê?"

Em busca de resposta, descobriu que aquela proveta continha um maravilhoso plástico transparente, o *tetrafluoretileno*.

Quando o governo tomou conhecimento de sua descoberta, comprou toda a produção fabricada pela empresa em que ele trabalhava.

Por não se deixar levar pelo arrependimento, o dr. Roy Plunkett acabou descobrindo o *teflon*.

Explore o sentimento de arrependimento com um "Por quê?", mas não pare, siga em frente, pois com certeza um pouco mais adiante encontrará a resposta.

Definindo seu contexto

A MANEIRA COMO VOCÊ DEFINE O MUNDO e seus fatos é que determina as ações que pratica durante sua existência. Essas ações, em movimento no Universo, provocam reações contrárias de igual valor e intensidade que recaem exclusivamente sobre quem as gerou.

Da forma como você definir sua vida, assim irá vivê-la. O seu contexto de existência está sempre tão secretamente guardado em seu subconsciente que você termina por esquecer de abri-lo no dia-a-dia. Assim, incorpora os blablablás mais diversos e outros fatores externos, que não necessariamente compõem sua trilha de vida.

Todos os dias pela manhã, ao olhar-se no espelho, pergunte a si mesmo se a pessoa ali refletida é aquela que realmente deseja ser.

Definir seu contexto na vida é como participar de qualquer tipo de jogo ou competição, em que vence aquele que conhecer e executar melhor as regras, com disposição para pagar o preço exigido. Identifique aquilo que realmente preenche sua vida, descubra as regras necessárias para obter o que deseja.

Quando um atleta descobre sua verdadeira vocação para o esporte, pratica suas regras de maneira incansável e, muitas vezes, abdica das horas de lazer com amigos e família, além de outras coisas, para poder treinar e treinar, pagando o preço.

Todos nossos anseios e desejos têm um preço, mas poucos de nós estão dispostos a empreender o esforço necessário para atingir o objetivo.

Descubra o que realmente quer, como quer e quando quer.

Disponha-se a fazer o esforço necessário, caso contrário será um cisne em meio a marrecos.

Numa maratona, não basta chegar à reta final sem ter iniciado sua corrida do ponto de partida e ter percorrido toda a rota demarcada. Todo vencedor estabelece seu contexto com início e percurso, não se desviando da rota, fazendo o esforço necessário, chegando ao pódio e, então, desfrutando o sabor da vitória.

Viver sem uma definição de contexto é como estar perdido num deserto – quando você ficaria feliz e se sentiria a salvo se encontrasse uma bússola na bagagem. Porém, logo após, descobriria que durante toda a sua existência ouvira falar em bússola, mas nunca se preocupara em aprender a usá-la.

Se você não souber onde está, não conseguirá chegar aonde deseja.

Ter um contexto de vida é aprender como mapear seu destino pessoal e profissional por todos os ângulos possíveis, transformando os resultados em seus aliados no processo de criação das suas metas e decisões.

Valorizamos ou não as pessoas, fatos e coisas que nos cercam, baseando-nos numa primeira impressão. E, algumas vezes, por possuirmos um contexto incompleto ou inadequado da pessoa ou fato à nossa frente, somos surpreendidos pela perda da oportunidade.

Ainee Mullins, 23 anos, atleta da Universidade de Georgetown (Washington), é recordista mundial nos cem metros nado raso feminino. Nos Jogos Olímpicos de Atlanta, no ano de 1996, foi ganhadora da medalha de ouro.

Diante dessas informações, crie um contexto a respeito de Ainee.

Talvez você esteja pensando: "Essa é mais uma das grandes atletas norte-americanas, um fato sem nenhuma novidade".

Você teve acesso a uma parte do contexto de Ainee.

Agora vou completar dizendo-lhe que ela é recordista nos cem metros nado raso feminino na categoria paraolímpica de duplamente amputados, com o tempo de dez segundos e noventa e quatro centésimos. Ela nasceu com problemas nas fíbulas (perônios) e teve parte das pernas amputadas com um ano de idade. Também compete no salto em distância, com a marca de três metros e quarenta e cinco centímetros.

Seu contexto sobre Ainee certamente agora é outro, não é mesmo? Agora você sabe muito mais sobre ela, portanto pode defini-la e entendê-la como realmente é.

Ter conhecimento da parte do todo não é ter o conhecimento do todo.

As pessoas definem seu contexto dos fatos com base naquilo que supostamente sabem, sem sequer procurar conhecer a ponta ou o meio da linha. Toda definição baseada em apenas parte da informação cria um contexto provisório e irreal, afastando as pessoas daquilo que realmente querem conseguir e sentir.

Suas vidas assemelham-se a um remador supertreinado que quer navegar até seu destino num barco com apenas um remo fixo do lado direito. Embora ele seja experiente e forte, vai navegar em círculos, tornando seu destino intangível.

Construir um contexto de vida exige dois remos.

Princípio do bom humor

Mau humor tem remédio. Pessoas carrancudas e desanimadas podem estar sofrendo de um problema conhecido como distimia, um distúrbio da família da depressão que melhora e muito com o uso de medicamentos.

Durante muitas décadas, os psiquiatras acreditavam que esse jeito – de ser – era uma característica da personalidade e que havia pouco a ser feito.

No entanto, nos últimos anos, pesquisas inéditas e a descoberta de um novo arsenal de antidepressivos mostraram que esse mau humor crônico pode ser alterado com tratamento. A tese da personalidade depressiva perdeu força e as alterações de humor começaram a ser vistas como um desdobramento dos sintomas depressivos.

As características são, na maioria das vezes, cansaço, baixa autoestima, indecisão, preocupação e desesperança, mas podem aparecer também irritação, raiva e sentimentos de culpa. Esses sintomas levam ao sofrimento e ao prejuízo afetivo, social e profissional.

Caso você esteja de mau humor, cure-se – isso é um sintoma e não parte de sua personalidade. Com certeza, esse problema está fechando muitas portas para você, afastando as pessoas, deixando-o sem visão para novas oportunidades e daltônico para as verdadeiras cores de seu futuro.

Princípio da esperança

De que adianta perder a esperança em algo que se deseja?

Você passará a viver com frustração e culpa, sem contar o enorme balde de ressentimento que carregará sobre sua cabeça.

Viva com esperança e coloque-a onde ela nem sequer existe. Assim, estará se dando um motivo para se superar e descobrir habilidades que talvez nem imagine ter.

Desistir é abrir a porta para o fracasso instalar-se não apenas naquilo que deseja. Termina, também, por contribuir para o desmoronamento da personalidade, moldando-a de forma derrotista.

Se você desiste, somente lhe resta o gosto amargo da derrota. Mas, se continua, mesmo que a vitória demore ou nem chegue, será muito melhor estar vivo no caminho da vitória do que morto no atalho da derrota.

Não importa se o desespero tomou conta de seu coração; não importa se as dificuldades esgotam seu corpo; o importante é nunca parar de tentar, em breve verá que sempre é cedo demais para desistir e perder a esperança.

Acho bom que você tenha problemas!

É sinal de que tem muita vida, pois eles são um grande sinal disso. Caso não os tenha, está correndo sério risco – talvez o Criador tenha perdido a confiança em você, porque Ele só envia problemas a quem confia.

Thomas A. Edison acreditava que a única razão pela qual precisamos do corpo é para carregar o cérebro, motivo pelo qual fica no alto da cabeça, em posição predominante.

Quando temos problemas, não devemos deixar a emoção prevalecer e nos deprimir. Devemos mudar a rota quantas vezes for necessário, mas continuar de olho em nosso objetivo, bem ali à nossa frente.

Seja uma pessoa atirada, mas nunca retirada. Perca essa indecisão, pois isso é o maior sinal de infelicidade. Vá! Troque a regra da indecisão pela da decisão. Chega de ser uma águia agindo como galinha: pare de ciscar seus sonhos e vá caçá-los.

Quando você ri, certamente muita gente ri com você, mas, quando chora, fatalmente chora na solidão. Sorria e siga com esperança.

Algumas coisas da vida – os dissabores de uma derrota, por exemplo –, é bom que esqueçamos. Continuemos em frente com esperança, pois uma pessoa é composta por aquilo que pensa, come e consegue esquecer.

Grande parte das pessoas que conheço que foram vítimas do fracasso, na realidade não foram derrotadas, apenas desistiram, perderam a esperança.

Quando falhamos, devemos encarar a falha como nosso professor e não como o coveiro que selará nossa cripta.

Desistindo de algo, você estará dando uma solução permanente a um fato que era apenas passageiro em sua vida.

Nossas conquistas não se concretizam por sermos extremamente inteligentes, mas pelo fato de não desistirmos e não perdermos a esperança.

Perder a esperança é entregar-se muito antes do tempo; é como desistir por não conseguir ver atrás da montanha e pensar que ali acaba o mundo – talvez seja ali que o mundo comece...

Esqueça o "se" e aja de acordo com o "como". Não seja uma daquelas pessoas que dormem mal simplesmente porque pensam que não vão dormir bem.

Hoje é um dia perfeito para fazer algo; todo dia é bom por algum motivo, desde que se viva com esperança, pois ela é a água que rega o futuro.

Tome consciência de seu destino

SEU DESTINO NÃO ESTÁ ESCRITO em lugar nenhum.

Nosso Universo, na figura de seu Onipotente, deve ter tido um trabalho fenomenal e desgastante para criar e desenvolver o homem. Com certeza, não iria, depois disso, passar o resto da eternidade escrevendo o destino de cada ser humano, inclusive o seu.

Atribuir acontecimentos e fatos da vida e do mundo a preceitos dogmáticos, místicos ou religiosos, rotulando-os como vontade de um Ser Superior é uma "comodidade dourada", pois, sempre que transferimos a culpa, julgamos disfarçadamente estar com a consciência tranqüila. Essa é uma hábil maneira de alimentar um disfarce emocional que tem causado o sepultamento da verdadeira identidade de muitas pessoas, afastando-as da real conduta de sua exigência.

Ao longo das civilizações, foram utilizadas várias táticas na intenção de fazer as pessoas cumprir regras e satisfazer interesses: escravizá-las, ameaçá-las com espada, queimá-las em fogueiras, submetê-las aos horrores da guerra, fazê-las viver sob a voz da tirania, afastá-las da riqueza apregoando que ser rico é ruim ou, ainda, fazê-las crer que o Ser Superior já escreveu seu destino – um Ser que pune e se vinga, deixando-as sem saída, pois, se Ele não pegá-las nessa vida corporal, da espiritual não escaparão... ah!

Dividir o compromisso da existência com um céu e um inferno, um paraíso e um purgatório, ser infeliz neste mundo para garantir a felicidade num outro, entregar tudo nas mãos do Ser Supremo e cruzar os braços, pois a justiça do céu é maior que a da Terra...

Isso só tem afastado as pessoas, cada vez mais, da possibilidade de desfrutar tudo o que viver realmente representa.

Não existe nada mais confortável do que um bom culpado para assumir nossa incapacidade de gerenciar a própria vida.

Raramente se ouve de uma pessoa que ela está passando por momentos difíceis por falta de responsabilidade e compromisso com seu ato de viver, mas é comum ouvir que *alguém* é culpado por tal fato.

Muitos filhos respondem aos pais: "Não tenho culpa de ter nascido". Nas separações de casais é sempre o outro que sufoca.

Na perda do emprego, o chefe ou a empresa não souberam reconhecer seu trabalho.

Na doença, Deus assim desejou.

Fatalidades espalhadas pelo mundo são profecias que estão sendo cumpridas.

Catástrofes são a mão do Senhor fazendo justiça.

A pessoa é infeliz e nada consegue na vida porque todos querem prejudicá-la...

Quando transferimos e socializamos a culpa, deixamos de fazer justiça punindo o verdadeiro culpado, deixando-o livre e de consciência tranqüila para continuar agindo.

E essa culpa é sua...

Tudo começa por você e termina em você. Procure as razões de culpa em si mesmo e verá quantas mudanças podem ocorrer em seu destino.

Ao fazermos uma análise mais profunda dos fatos ocorridos no mundo que foram enquadrados como responsabilidade do destino, podemos notar que não passaram de "incompetência implementada", resultando em um grave acidente no percurso de vida de alguém.

Esses acontecimentos nasceram de objetivos nobres e futuristas, mas foram implantados por meios incompatíveis para realizá-los.

Nas investigações sobre o navio *Titanic*, descoberto pelo explorador Robert Balard, ficou claro, por meio de estudos no casco, que o choque com o *iceberg* não seria suficiente para afundá-lo. O navio afundou por um problema na confecção da liga da chapa de aço do casco, que, ao navegar por águas geladas, perdeu sua resistência. Com o impacto da colisão, vários buracos se abriram na extensão do casco, por onde logo a água entrou. Tragédia? Sim, pelos danos causados aos passageiros, mas não por culpa do destino.

Nos bastidores das tragédias atua a incompetência humana, e não a vontade divina.

Quando um peixe é fisgado, o pescador é esperto ou o peixe é burro?

Naturalmente, se perguntar ao pescador, ele dirá que é muito esperto. Mas, se perguntar ao peixe, ele dirá que estava com fome e nem podia imaginar o que o esperava, tampouco acreditar que havia um lugar no mundo onde não houvesse água.

Outros podem pensar que é a lei da sobrevivência, mas, na verdade, é a lei da informação. Os pescadores sabem muito mais sobre peixes que os peixes sobre pescadores.

Enquanto pensar que o Universo sabe muito mais a seu respeito do que você a respeito dele, será sempre uma presa fácil de ser fisgada nos mares da vida.

Viver um destino não significa procurar onde ele foi escrito para torná-lo realidade.

Viver um destino é você mesmo explorar sua existência, usar de todas as dádivas que o Universo lhe concedeu.

Viver um destino é lembrar que Deus deixou você fazer parte do Universo e que você tem um DNA maravilhoso constituindo seu corpo.

Somente se vive um destino quando nós mesmos o escrevemos em algum lugar, com nossa própria maneira de existir, sendo aquilo que somos e não aquilo que alguém disse que deveríamos ser.

Ao nascer, recebemos inspiração, talento, um pincel, tinta, uma tela e uma bênção.

A pintura que faremos, nós é que decidimos como será.

Princípio da direção

Tenha um propósito definido.

A pessoa que tem uma direção a seguir age como um cavalo puro-sangue quando recebe uma chibatada: corre mais para chegar na frente.

Por outro lado, uma pessoa que vive sem propósito é como uma mula: recebe uma chibatada e empaca.

Viver sem propósito é saltar de uma escolha errada para uma alternativa inválida. Ninguém chega a lugar nenhum se não souber aonde deve ou não ir.

No ano de 1969, a nave norte-americana Apollo percorreu 360 mil quilômetros em linha reta, entre a Terra e a Lua, porém durante 80% do tempo esteve completamente fora de seu curso, terminando por descer a apenas alguns metros do local preestabelecido. Neil Armstrong com certeza sabia que alguém pode chegar a seu propósito tendo conhecimento de onde inicia e para onde quer ir, e que, mesmo fora da rota planejada, deve-se continuar firme, corrigindo o curso e a velocidade.

A costa californiana estava envolta em neblina na manhã de 4 de julho de 1992. Trinta quilômetros a oeste, na ilha de Catalina, uma mulher de 34 anos entrou com passos firmes no oceano Pacífico e começou a nadar em direção à costa da Califórnia. Se fosse bem-sucedida, seria a primeira mulher a fazê-lo. Seu nome era Florence Chadwick, a primeira mulher a atravessar o Canal da Mancha em ambas as direções. A água estava gelada naquela manhã e a neblina tão forte que Florence mal podia ver os barcos que a acompanhavam. As horas passavam e milhões de pessoas a assistiam pela televisão. Várias vezes os tubarões aproximaram-se dela e foram afastados com rifles. Ela continuava nadando. Fadiga nunca foi problema para ela, mas a água de congelar até os ossos, sim.

Quinze horas depois, cansada e com frio, decidiu que não iria adiante e pediu para ser retirada da água. Sua mãe e seu treinador, ambos num bote próximo, disseram-lhe que estavam perto do continente e pediram para que não desistisse. Mas, quando ela olhou para a costa californiana, tudo que pôde ver foi neblina.

Alguns minutos depois – após 15 horas e 55 minutos – foi retirada da água. Horas mais tarde, quando seu corpo começou a esquentar, sentiu o choque do fracasso. Ela saiu da água a somente 800 metros da costa.

Mais tarde, afirmou que não foi o cansaço nem o frio que a fizeram desistir, mas a impossibilidade de ver seu destino final por causa da neblina. Essa foi a única vez que ela desistiu. Dois meses mais tarde, cruzou o mesmo canal com sucesso, tornando-se a primeira mulher não só a cruzar o Canal da Catalina, mas também a bater o recorde masculino.

Não importa o que aconteça, mantenha seu propósito sempre diante dos seus olhos e estará praticando o princípio da direção.

Princípio da ação

Quantas vezes algumas pessoas, em reuniões ou discussões, expõem suas sugestões e tomam um enorme tempo daqueles que ali estão, gastando energia com conversas e idéias que jamais poderão ser colocadas em prática, nem mesmo pelos proponentes.

É muito importante que façamos mais e falemos menos.

Comece com coisas pequenas, que você realmente possa praticar. Quase sempre, as pessoas têm ótimas idéias, mas não têm noção daquilo que devem fazer para realizá-las, pois seu raio de ação é limitado.

Se o seu raio de ação é pequeno, tome pequenas atitudes.

Toda ação gera resultados que nem sempre podemos medir, mas, com certeza, uma ação na direção certa, mesmo que pequena, tem o poder de crescer.

~

Um gato chamado Farofino resolveu fazer uma destruição total na rataria de uma casa velha, deixando os ratos sobreviventes sem ânimo para saírem das tocas, a ponto de quase morrerem de fome.

O caso tornou-se muito grave e os ratos decidiram fazer uma assembléia para tentar solucioná-lo.

Esperaram uma noite, quando Farofino fazia seu passeio pelo telhado, miando sonetos para a Lua.

"Acho", disse um deles, "que, para não sermos destruídos por Farofino, devemos colocar um guizo em seu pescoço. Dessa maneira, assim que ele se aproximar, o guizo o denunciará e teremos tempo de fugir."

Palmas e bravos saudaram a luminosa idéia. O projeto foi aprovado com delírio. Só um rato casmurro votou contra, dizendo: "Está tudo muito direito, mas quem vai amarrar o guizo no pescoço do gato?"

Fez-se silêncio geral.

Um desculpou-se por não saber dar nó, outro porque não era tolo – enfim, todos, um a um, com as mais variadas desculpas, assumiram que não tinham coragem suficiente.

Assim, a assembléia dissolveu-se em meio a total constrangimento e consternação.

Ninguém pode ter aquilo que não pode fazer. Pense e diga coisas que possam ser colocadas em ação.

Siga a sua intuição

Confie nos seu lado sensitivo.

Todas as pessoas possuem em seu íntimo a sensibilidade para definir, de maneira justa e compatível, aquilo que desejam em suas decisões, emoções, atitudes e pensamentos. É o nosso lado sensitivo, que mais sabe a respeito de nós mesmos, apesar de quase nada sabermos a respeito dele. O lado onde se hospeda o DNA do Universo Criador. Ele está em todas pessoas, mas as pessoas não estão nele; ele se manifesta a todo instante, mas as pessoas não percebem.

Esse nosso lado sensitivo tem por função avaliar as situações e atuar para que as evitemos caso sejam incompatíveis com nossos objetivos de vida ou, ao contrário, para que nos aproximemos delas caso apresentem coerência com aquilo que estamos construindo em nossas vidas.

Toda atitude gera uma energia e, na construção de nosso destino, geramos muitas energias, que buscam fontes para sua alimentação, para continuar a progredir em nosso benefício. Essas energias sabem onde estão suas fontes e tentam avisar-nos toda vez que nos desviamos do caminho a seguir, mas nem sempre ouvimos ou entendemos.

Em vez de desenvolver sua comunicação interna, a pessoa desenvolve a comunicação externa, esquecendo-se de que ela própria é a sensitiva de sua vida. Se existe algo sensitivo para opinar sobre seu destino, nada melhor do que sua própria intuição.

Não é a instituição do casamento pela Igreja que garante a felicidade no lar, mas sim a escolha da pessoa correta e a conduta de ambos no decorrer da união. Uma empresa bem estruturada não garante sua ascensão profissional, mas sim aquilo que você investe em sua carreira.

Pessoas certas com pessoas erradas; ótimos profissionais em carreiras erradas; gente feliz vivendo com gente infeliz; pessoas boas sofrendo maldades; gente sadia acometida por doenças; vencedores no pódio da derrota; empreendedores arrastados pelo fracasso... Apenas e tão-somente por total surdez às manifestações do lado sensitivo ao longo da vida.

Alguma vez você se pegou pensando:

"Algo me dizia para não fazer aquilo!"

"Algo me avisou para não vir por aqui!"

"Algo me preveniu para não deixá-lo ir!"

"Algo me dizia para não acreditar naquela pessoa!"

"Algo me dizia para não continuar nesse negócio!"

Como o "algo" havia dito, prevenido e avisado para não fazer, mas você fez, as coisas não aconteceram da forma que você queria.

Em outros momentos, você deve ter pensado:

"Quando eu a vi, algo me disse que ela era a mulher da minha vida!"

"Ao ver aquela casa, algo me disse que já era minha!"

"Algo me disse para fazer aquele negócio!"

"Algo sempre me disse para eu nunca desistir!"

Se você ouviu esse "algo" que preveniu e avisou, as coisas devem ter acontecido melhor do que você esperava.

Esse "algo" é sua manifestação sensitiva. Respeitá-la significa encontrar as fontes que manterão sua energia e trarão benefícios para sua vida; ignorá-la é deixar sua energia de vida sem fonte, sem reabastecimento.

Três sufis, muito observadores e experientes a respeito da vida, ficaram conhecidos como Os Três Homens Sensitivos.

Certa vez, numa de suas viagens, encontraram um cameleiro, que lhes perguntou: "Vocês viram meu camelo? Eu o perdi!"

"Ele é cego de um olho?", perguntou o primeiro Sensitivo.

"Sim!", respondeu o cameleiro.

"Falta-lhe um dos dentes da frente?", perguntou o segundo Sensitivo.

"Sim, sim!", disse o cameleiro.

"É coxo de uma pata?", interrogou o terceiro Sensitivo.

"Certamente!", reconheceu o cameleiro.

Os Três Sensitivos aconselharam o bom homem a caminhar na direção de onde eles tinham vindo, pois encontraria seu camelo.

Pensando que eles o houvessem visto, o cameleiro apressou-se a seguir o conselho, mas não encontrou o camelo.

Então, voltou com toda pressa para encontrar-se mais uma vez com os Sensitivos, a fim de que lhe dissessem o que deveria fazer.

Ao entardecer, chegou ao lugar onde descansavam e disse-lhes que não o havia encontrado.

"Seu camelo carrega mel de um lado e milho do outro?", perguntou o primeiro Sensitivo.

"Sim, sim!", disse o cameleiro.

"Seu camelo carregava uma mulher de cabelos compridos esperando um filho?", perguntou o segundo Sensitivo.

"Sim!", disse espantado o cameleiro.

"Não sabemos onde ele está!", disse o terceiro Sensitivo.

O cameleiro ficou convencido de que Os Três Sensitivos tinham roubado seu camelo com a carga. Acusando-os de ladrões, levou-os perante um juiz.

O juiz os deteve como suspeitos de roubo para fazer diligências que confirmassem a culpa deles ou os absolvessem.

Pouco mais tarde, o cameleiro encontrou o animal vagando pelo campo. Voltou à corte e pediu que os Três Sensitivos fossem postos em liberdade. O juiz, que até então não lhes dera oportunidade para se justificar, perguntou como sabiam tanto a respeito do camelo se nem sequer o tinham visto.

"Vimos suas pegadas no caminho", disse o primeiro Sensitivo.

"Uma das marcas era mais fraca que as outras e algo me disse que era coxo", disse o segundo Sensitivo.

"Tinha mordiscado moitas de capim só de um lado do caminho, portanto algo me disse que devia ser cego de um olho", disse o terceiro Sensitivo.

"As folhas de capim estavam rasgadas", continuou o primeiro Sensitivo, "e algo me disse que tinha perdido um dente."

"Abelhas de um lado do caminho e formigas do outro se amontoavam sobre alguma coisa depositada no chão. Vimos que era mel e milho", explicou o Sensitivo.

"Encontramos também alguns cabelos humanos, tão longos que algo nos disse que eram de mulher. Estavam exatamente onde alguém tinha parado o animal e descido dele", declarou o terceiro Sensitivo.

"No lugar onde a pessoa sentou, observamos marcas das palmas de ambas as mãos, o que nos fez pensar que tivera de apoiar-se tanto ao sentar-se quanto ao levantar-se. Algo nos disse que devia estar grávida, em período bem adiantado", falou o primeiro Sensitivo.

"Por que não pediram para serem ouvidos a fim de apresentar esses argumentos em defesa de vocês?", perguntou o juiz.

"Porque achamos que o cameleiro continuaria procurando e não tardaria a encontrar o animal", disse o primeiro Sensitivo.

"Também contamos com a curiosidade natural do juiz, que o levaria a investigar", disse o terceiro Sensitivo.

"Descobrir a verdade por seus próprios meios seria melhor para todos nós, em vez de insistirmos que nos julgassem precipitadamente", disse o segundo Sensitivo.

"Sabemos, por experiência, que é melhor que se chegue à verdade por meio de seus próprios pensamentos", disse o primeiro Sensitivo.

"Chegou a hora de partirmos. Espera-nos uma tarefa que precisamos cumprir, disse o terceiro Sensitivo.

E os Sensitivos sufis seguiram o destino que tinham traçado para si.

Nunca abandone seu lado sensitivo, ou você será presa fácil de conselhos. As pessoas que não têm contato com seu lado sensitivo acabam vivendo numa posição de insegurança, seja em suas atitudes ou decisões. Tais condições as tornam dependentes de opiniões de terceiros e de conselhos.

Existem poucas pessoas que podem orientá-lo, mas muitas que podem inspirá-lo. Cuidado com as pessoas infelizes tentando ensinar a felicidade. Quase sempre nos aconselham a fazer tudo aquilo que jamais fizeram ou farão em suas vidas. Alguns conselhos podem ser remédio para uns e veneno para outros.

Conheço muita gente que, por dar valor a conselhos fora de seu núcleo de energia, acabou trincando toda sua vida.

~

Alguns macacos, durante uma noite muito fria, buscavam fogo para se aquecer. Quando avistaram um vaga-lume que os rodeava, deduziram que fosse uma faísca. Pegaram o vaga-lume, juntaram palha e galhos secos em cima dele e começaram a abanar para conseguir fogo.

Do alto de uma árvore, um pássaro olhava e não se conformava, pois aquilo que eles pensavam ser fogo não era fogo, mas sim um vaga-lume.

Depois de gritar seu ponto de vista aos macacos, decidiu aproximar-se para dar um conselho.

Voou da árvore e disse: "Amigos macacos, vou dar-lhes um conselho! Acho melhor libertarem esse vaga-lume! Vocês não obterão fogo com ele!"

Um dos macacos pegou o pássaro, atirou-o ao chão e matou-o. Em seguida, eles o comeram.

Tentar endireitar com conselhos mentes que não podem ser corrigidas é o mesmo que cortar pedras com espadas ou fazer arcos com galhos inflexíveis. Conselhos podem levá-lo a situações perigosas e, às vezes, um bom conselho é não dar conselhos.

Se você não conhece o caminho que leva ao mar, o melhor é ficar na companhia do rio.

Confie mais em seu "Algo me disse...!"

Princípio do agradecimento

Agradecer ao Universo é permanecer no jogo.

Quando agradecemos ficamos em estado de satisfação e abrimos espaço para receber mais. Agradeça a seu amigo por ele ser seu amigo, à sua mulher por amá-lo, a seu filho por sorrir para você, à sua família por ser sua família... Agradeça, agradeça...

Eu saía de uma emissora de TV do Rio de Janeiro quando, já dentro do carro, um mendigo me pediu uma esmola.

"É brincadeira", pensei, pois revirei todos os bolsos e estava sem nenhum dinheiro naquele momento; havia deixado tudo na mala do hotel.

O mendigo esperava atento, com a mão estendida, enquanto eu me contorcia no terno vasculhando os bolsos em vão.

Muito desconcertado, peguei em sua mão imunda, apertei-a e disse: "Não fique triste comigo, irmão, não tenho dinheiro agora para lhe dar, mas lhe desejo muita sorte!"

Sua expressão, por trás daquele rosto sujo onde brilhavam dois olhos verdes, abriu-se num largo sorriso e ele falou: "Uau! Você pegou em minha mão e me chamou de irmão! Essa é a maior esmola que já recebi em toda minha vida! Siga em paz, irmão, que Deus lhe abençoe por essa imensa caridade!"

Quando cheguei ao quarto do hotel, a primeira coisa que fiz foi agradecer a Deus por não ter dinheiro naquele momento, pois devo ter feito uma caridade muito maior do que o dinheiro faria. Como dizem os chineses: "Esvazie a xícara para poder servir-se de mais chá".

Princípio do passo a passo

É muito comum que as pessoas fiquem sentadas e sonhem com suas realizações futuras ou destruam esses sonhos com a conclusão de que não dariam certo.

Ter um sonho é a primeira condição para construir o futuro.

A segunda é seguir passo a passo, rumo à concretização, traçando metas a serem atingidas.

Pense em seu futuro, levante-se e siga passo a passo.

Não pense apenas em como concluir seus objetivos, mas sim em como atingi-los.

Faça seu próprio mapa e siga a trilha do tesouro. Marque com um x aonde quer chegar.

Não continue vendo a vida passar, realizando tudo apenas em sua mente, sem nenhuma ação, ou vai acordar do sonho com dor de cabeça.

Um ótimo momento para pensarmos em nosso futuro é durante a noite, antes de dormir, levando ao nosso inconsciente os nossos anseios, fazendo assim uma ligação direta com nossa grande aliada: a inteligência infinita.

Muita gente antecipa seus passos e termina por afastar-se de seu futuro, pois acaba sendo vítima de acidentes no percurso.

Conta uma lenda Sufi que a filha de um fazendeiro, após ordenhar algumas vacas, voltava para casa com um balde de leite sobre a cabeça. Começou a pensar no futuro: "O leite deste balde fornecerá um creme que transformarei em manteiga, que venderei no mercado para comprar uma dúzia de ovos, que se transformarão em galinhas. Breve terei um viveiro numeroso e poderei vender algumas galinhas. Comprarei um lindo vestido de seda e irei assim vestida às exposições e, quando galanteadores tentarem conquistar meu coração, sacudirei a cabeça e me farei de difícil".

A beldade sacudiu a cabeça, o balde caiu e o leite foi derramado.

Desenvolva relacionamentos

De tanto passar por decepções, as pessoas acabam confiando muito pouco umas nas outras. E essa falta de confiança faz com que nossos relacionamentos fiquem superficiais, maquiados por um sorriso amarelo de: "bom dia", "boa tarde", "como vai..." e até parece melhorar quando existe algum interesse promissor e vantajoso para uma das partes.

Quando o relacionamento é frio, faltam palavras e, sem palavras, fica difícil a construção de amizades. É comum ver as pessoas dizerem: "Eu tenho poucos amigos, posso contar nos dedos. Na verdade tenho muitos conhecidos".

O mundo é muito grande para que tenhamos poucos amigos, que possam ser contados nos dedos.

Não há saída! Viver é relacionar-se e, mesmo que você seja uma daquelas pessoas que dizem querer habitar sozinhas o topo de uma montanha, poderá até fazê-lo, mas ainda terá de se relacionar consigo mesmo.

A incompreensão da importância de relacionar-se tem deixado o mundo cada dia mais cheio de pessoas que se julgam eternas injustiçadas.

O toureiro relaciona-se com o touro com uma dúzia de espadas e capa vermelha, mas um punhadinho de feno certamente construiria um relacionamento mais interessante e duradouro para ambos, sem riscos de comprometer suas vidas.

Nos relacionamentos de hoje, as pessoas são atraídas por uma capa vermelha e recebidas com uma dúzia de espadas e, quando percebem, sua amizade está sangrando na arena da vida.

Não existe ingrediente mais simples e importante para a construção de seu futuro, pessoal ou profissional, e que possa conduzi-lo ao êxito, do que se relacionar com as pessoas.

Tudo que você constrói termina por acontecer graças a um relacionamento, assim como tudo que você destrói.

Aquilo que sabemos passa a contar menos aos olhos daqueles com os quais nos relacionamos, principalmente quando notam que são muito importantes para nós.

Importar-se com as pessoas é uma maneira simples de plantar um relacionamento, mas, como os outros não se importam com você, você também não se importa com os outros...

Mostre interesse pelas pessoas e as pessoas mostrarão interesse por você. O grau de preocupação que temos com as pessoas é que determina a intensidade de nosso relacionamento.

John D. Rockefeller, quando selecionava pessoas, dava preferência àquelas que tinham habilidades para relacionar-se bem com todos em sua organização.

Em qualquer relacionamento, nossos princípios e caráter devem ser mantidos, juntamente com nossa capacidade de adaptação.

Quantos casamentos terminaram por causa da disposição dos objetos na casa; quantas amizades destruídas pela discordância de idéias; quantas empresas têm departamentos ineficientes por contratarem pessoas que não possuem capacidade de relacionar-se e trabalhar em equipe...

Muitas das razões pelas quais rompemos com as pessoas são simples caprichos, opiniões e atitudes que na próxima primavera já não serão os mesmos. Porém, achamos que sempre é tarde para nos desculpar e reatar o relacionamento, então nos vacinamos com a máxima: "Vaso quebrado, mesmo consertado, jamais é igual". Então, em vez de tentarmos salvar aquele relacionamento, partimos para a construção de outro. Todo relacionamento deve ser cultivado.

Quando Deus criou Eva, certamente quis dar a primeira lição de vida para Adão, fazendo com que ele se relacionasse.

Não criar expectativa alguma em relação às pessoas e aceitá-las como são, sem tentar mudá-las, causa menos decepção nos relacionamentos.

Se você acha difícil, então certamente vai continuar se decepcionando com as projeções que aplica aos outros, esquecendo-se de que elas são suas.

Lembre-se sempre: o seu conceito sobre alguém e as expectativas que você cria sobre os atos desse alguém são seus – você os têm dentro dos seus padrões. Estabelecer o seu padrão de conclusão não significa que as pessoas corresponderão a ele de acordo com sua expectativa. Cada um é cada um. Nós idealizamos atitudes para os outros que eles talvez nunca tomarão e acabamos ficando frustrados quando não acontecem.

Para desempenharmos o ato do relacionamento, devemos deixar o estado da mente e analisar os fatos e comportamentos concretos daqueles que estão ao nosso redor, sem fazer projeções de caráter ou personalidade. Assim, não semearemos nossas próprias decepções.

Algumas pessoas afirmam que a maioria daquelas com as quais estabelecem um relacionamento termina por causar decepções. Isso será uma grande verdade quando os princípios básicos do relacionamento não forem exercidos. Em geral, quem tem o poder de magoar você está mais próximo e não os estranhos. A mágoa surge quando alguém a quem queremos bem não corresponde às nossas expectativas.

Abandone a fantasia de ser a salvação do mundo e deixe de sofrer por não receber um pingo de consideração. Caso esteja escrito em sua camiseta: "Conserto sentimentos, penso nos outros, sofro por você, aqui é um porto de salvamento para vítimas da vida", lave-a com alvejante puro e desbote-a.

Tais atitudes podem lhe trazer, por algum tempo, a sensação de estar sendo útil, porém ela passará logo; quando a consideração não chegar, você fará parte do departamento de vítimas eternamente injustiçadas. Ficará se lamentando, achando que seu sofrimento tem um propósito.

Você descobrirá que é uma pessoa intrometida, querendo dar soluções para problemas alheios.

Relacionar-se não é meter-se na vida de outra pessoa, mas sim respeitá-la.

Numa fazenda havia um burro que engordava por nada fazer e um boi que emagrecia por fazer muito. Certa vez, o boi se queixou ao burro sobre o tanto que trabalhava. Perguntou então [illegible]e ele não teria algum conselho para lhe dar, afinal tinham um [illegible] relacionamento.

O burro respondeu: "Companheiro boi! Faça de conta que está doente e não coma sua ração. Dessa forma, o fazendeiro não o levará mais ao trabalho e você poderá descansar à vontade".

No dia seguinte, o boi não comeu sua ração e o fazendeiro, achando que ele estava com algum problema, deixou-o descansar e levou o burro para arar o campo em seu lugar.

O burro trabalhou tanto que se arrependeu de ter dado o conselho.

Quando voltou, o boi perguntou como tinha sido seu dia.

O burro respondeu: "Não estou preocupado por ter trabalhado tanto arando a terra debaixo do sol, mas estou muito preocupado com algo que ouvi a seu respeito, amigo boi. Ouvi o fazendeiro dizer: 'Se o boi continuar doente, vou ter de sacrificá-lo para não perder sua carne'. Minha opinião, amigo boi, não querendo me intrometer, mas já me intrometendo, é que você deve voltar a comer sua ração para retornar ao trabalho, evitando assim essa tragédia".

Uma boa maneira de não ser considerado intrometido no relacionamento é não se intrometer.

A melhor maneira de se relacionar é ser amigo dos que o cercam, dos companheiros de trabalho, dos seus vizinhos, da família...

O sentimento de amizade traz em seu íntimo muitas qualidades que podem fazer progredir e manter um relacionamento, como o perdão, o não julgamento, a compreensão, pois tudo aquilo que as pessoas ignoram umas nas outras é o que as torna boas amigas e alimenta seu relacionamento.

Na busca por uma amizade, deve-se fazer a busca com os dois olhos; ao encontrar, deve-se fechar um dos olhos ou talvez os dois.

Na Grécia antiga, no tempo de Dionísio, existiram dois homens que se tornaram célebres pela amizade que os unia. Eles eram Damon e Pítias, dois filósofos discípulos de Pitágoras.

Condenado à morte, Pítias solicitou ao juiz um prazo para arrumar as coisas de sua família e Damon ofereceu-se para morrer no lugar de Pítias, caso o amigo não voltasse a tempo.

No dia do suplício, Pítias se apresentou.

Dionísio ficou tão comovido ao ver a lealdade entre Pítias e Damon que anulou a sentença de morte e pediu aos dois amigos que o aceitassem como parte daquele relacionamento para que juntos formassem um grupo.

O segredo do relacionamento é a amizade e o preço para ter amigos é tornar-se amigo.

Princípio da solidão

As pessoas têm tendência de buscar na solidão a saída para as desilusões ocorridas no decorrer de suas vidas.

Quando existe decepção com amigos, resolve-se não mais ter amigos...

Quando acontece no amor, resolve-se não mais amar...

Quando acontece na profissão, resolve-se abandoná-la...

Solidão não consiste apenas em estar solitário, mas sim em transformar-se num "abandonar", deixando de lado os ingredientes que compõem o relacionamento com o Universo. Mas logo se percebe que a solidão é um remédio momentâneo – dá alívio temporário para a dor, mas não é tão simples viver com ela.

Talvez o homem mais solitário do mundo tenha sido Robinson Crusoé. Sua aventura foi inspirada num marinheiro escocês chamado Alexander Selkirk, que viveu entre 1612 e 1721. Ele fazia reclamações constantes a respeito das condições do navio *Chinque Portas*, no qual estava viajando, e solicitou ao comandante que fosse deixado numa pequena ilha conhecida como Más A Tierra, situada no Pacífico Sul, a uma distância de 670 quilômetros da costa do Chile. Tal fato ocorreu em setembro de 1704. Ele deixou o navio levando somente sua espingarda, um facão e uma Bíblia. Ali viveu em total solidão por longos quatro anos e quatro meses, até ser resgatado por um navio. Daniel Defoe inspirou-se nesse marinheiro para escrever sua linda aventura.

Convém salientar que a pequena ilhota nos dias de hoje é um ponto muito requisitado por turistas.

Um dos momentos altos do romance é, para mim, quando o personagem encontra a cura para a solidão. Todos os dias vai até seu ponto de observação, onde havia colocado um pano, como uma bandeira, na extremidade de um mastro e fica olhando o mar, com as mãos protegendo os olhos, procurando velas brancas no horizonte vazio.

Ele fica ali de pé, coberto de trapos, pele queimada, cabelos longos, com a relva da praia sob seus pés, completamente solitário. Realmente uma figura bem trágica. Anseia pelo toque da mão humana, o som de uma voz e o brilho amistoso de uma face humana. No final do dia sua solitária vigília termina. Mas, ao voltar para seu abrigo, ele vê na areia da ilha, que até então, segundo seus pensamentos, era totalmente desabitada, uma pegada humana que não era sua.

Se Robinson Crusoé encontrou saída para solidão numa ilha deserta, por que será que nós não podemos encontrá-la onde certamente existe alguém que nos quer bem, num mundo tão cheio de oportunidades?

Solidão é um remédio para se tomar por alguns momentos, não durante a vida toda.

Princípio do dar

Quando damos algo bom ou ruim, emitimos uma energia de igual intensidade que irá estacionar algum dia na sua própria área de atuação.

Então, é melhor dar coisas boas para receber coisas boas!

Ao recebermos energias ruins, devemos retribuir com bons pensamentos, boas atitudes e boas orações.

Nem sempre recebemos de quem ou para quem damos esses sentimentos. O importante é sempre gerar a energia, que, no momento certo, o Universo saberá usar.

Pratique o bem, esqueça o mal, não pelo mundo, mas por você.

Respeite as regras do Universo, elas não podem ser burladas. Nenhum ato de dar será verdadeiro em suas mãos se não tiver nascido em seu coração.

Em meio ao deserto do Rajasthan, na Índia, existe uma trilha pouco usada. Nela há uma choupana em pandarecos e perto dela um poço. É a única fonte de água em muitos quilômetros. Amarrada à bomba, existe uma latinha com uma mensagem escrita em papel surrado: "Esta bomba funciona desde agosto de 1965. Instalei uma nova arruela no sugador que deve funcionar por mais dez anos. Porém, a arruela resseca com o calor e a bomba tem de ser molhada para funcionar. Para isso, enterrei uma garrafa de água sob a pedra cinza, longe do sol e fechada com uma rolha. Essa garrafa tem água suficiente para encharcar a bomba. Derrame um quinto do conteúdo da garrafa para molhar o couro. Depois derrame o restante um pouco mais rápido e bombeie logo em seguida. Você terá água. Saiba que este poço nunca esteve seco. Tenha muita fé. Quando tiver conseguido água, encha a garrafa e coloque-a de novo onde a encontrou para o próximo que vier. Assinado, Hassan do Deserto.

"P.S.: Não beba a água antes de molhar a bomba! Molhe a bomba e terá toda água de que precisar. E, em suas próximas orações, lembre-se de que Deus é como a bomba. Precisa ser provido. Doei dezenas de vezes minha última moeda para alimentar a bomba de minhas orações e entreguei meus últimos feijões a um estranho enquanto falava amém. Mas nunca deixei de receber uma resposta."

É preciso preparar seu coração para dar, antes de prepará-lo para receber.

Invista mais em você

Todos nós temos capacidade de desenvolver uma atividade especializada. Quando centramos nossas metas em uma determinada atividade, mesmo que não estejamos aptos no momento, com certeza ficaremos em breve. Ninguém nasce bom em algo – vai melhorando com a dedicação e a prática. Nenhum mágico nasce fazendo mágica. Ele escolhe a profissão e dedica-se a ela com afinco, até que ela corra em suas veias.

Você sabe fazer algo muito bem, basta que descubra o que é – não perca tempo fugindo de suas aptidões.

Todos aqueles que têm sucesso no trabalho descobriram o que sabiam fazer melhor e não desistiram de fazê-lo.

Na busca de seus sonhos, semeie uma profissão: ela será a trilha que o conduzirá rumo ao seu objetivo e da qual deve se lembrar todas as manhãs.

Toda pessoa é boa em um determinado setor, competente em dois outros e ineficiente em todos os outros.

Quando se reconhece tal fato, aprende-se a não mais desperdiçar nossas qualidades e habilidades.

Não fortaleça seus pontos fracos, reforce seus pontos fortes. Saiba mais sobre suas qualidades e habilidades. Sua profissão surgirá da comunhão dessas atitudes com os meios para colocá-la em prática.

Ninguém consegue muito na vida pessoal e profissional sendo ou fazendo muitas coisas de forma mediana. O sucesso vem de ser e fazer uma coisa com competência e dedicação.

Muitas pessoas não gostam daquilo que fazem simplesmente porque não descobriram aquilo de que gostam e tampouco a maneira de fazê-lo.

Executar tarefas apenas em troca de um salário não é ter uma profissão, é ser um executor de tarefas, algo comum, substituível e que não fará falta à empresa.

Isso é o que causa desânimo nas pessoas por seu trabalho: empregar suas aptidões e qualidades num procedimento incompatível com seus desejos.

Na construção do futuro, até mesmo o rei precisa de uma profissão.

Conta uma lenda Sufi que um rei havia esquecido o velho conselho dos sábios, segundo o qual, quem nasce na comodidade e no conforto precisa fazer um esforço pessoal maior que os outros. Mesmo assim, era um rei justo e popular.

Certo dia, quando viajava para visitar suas terras mais distantes, uma tempestade desabou e separou seu barco da escolta. A tempestade serenou depois de sete dias de fúria.

O barco havia afundado e os únicos sobreviventes do naufrágio foram o rei e sua filha, de algum modo, haviam conseguido subir numa balsa.

Depois de muitas horas, a balsa foi jogada na praia de um país totalmente desconhecido. Foram recolhidos por pescadores que cuidaram deles, e depois de algum tempo, disseram: "Somos muito pobres e não podemos continuar a mantê-los. Se caminharem para o interior, quem sabe poderão encontrar os meios de ganhar a vida".

Agradecendo aos pescadores e sentindo pesar por não poder conviver com eles, o rei começou a vagar pela região. Ele e a princesa foram de aldeia em aldeia, de povoado em povoado, buscando comida e ajuda. Não pareciam ser melhores que os mendigos e assim eram tratados. Às vezes conseguiam alguns pedaços de pão; outras vezes, palha seca para dormir.

Cada vez que o rei procurava melhorar sua situação pedindo trabalho, perguntavam: "O que sabe fazer?". O rei então se lembrava de que não era capaz de realizar qualquer tarefa exigida e retomava seu caminho.

Em todo o país, as poucas oportunidades que existiam eram para realizar tarefas manuais, pois havia muitos trabalhadores especializados. À medida que iam de um lugar para outro, o rei tinha mais certeza de que ser rei sem país era inútil. Ele refletia sobre o provérbio dos anciãos, que dizia: "Só pode ser considerado seu aquilo que puder sobreviver a um naufrágio".

Depois de três anos nessa existência miserável e sem futuro, o rei e a princesa chegaram a uma fazenda cujo proprietário procurava alguém que cuidasse de ovelhas.

O fazendeiro os viu e perguntou: "Precisam de dinheiro?"

Eles responderam que sim.

"Sabem cuidar de ovelhas?", perguntou o fazendeiro.

"Não!", disse o rei.

"Pelo menos você é honesto!", falou o fazendeiro. "Por isso darei a você uma oportunidade de ganhar a vida."

Ele os enviou ao campo com algumas ovelhas e os dois logo aprenderam que tudo que precisavam fazer era protegê-las dos lobos e cuidar para que não se perdessem.

Uma cabana lhes foi dada e com os anos o rei recuperou algo de sua dignidade, embora não tivesse recuperado a felicidade. A princesa transformou-se numa jovem bela como uma fada. Como ganhavam apenas o necessário para viver, não podiam planejar ainda o retorno às suas terras.

Um dia, quando havia saído para caçar, o sultão daquele país viu a moça e se apaixonou por ela. Enviou então um representante até o pai da jovem para pedi-la em casamento.

"Oh, camponês!", disse o mensageiro ao rei, "o sultão, meu amo e senhor, pede a mão de sua filha em casamento!"

"O que ele sabe fazer, qual a profissão dele e como pode ganhar a vida?", perguntou o ex-rei.

"Idiota! Vocês camponeses são todos iguais!", gritou o mensageiro. "Você não entende que um sultão não precisa ter profissão, pois sua habilidade consiste em conduzir seus súditos e que você foi eleito para uma honra que ordinariamente estaria muito além de qualquer esperança possível para as pessoas comuns?"

"Tudo que sei", disse o rei-pastor, "é que, a menos que o seu amo, sendo sultão ou não, possa ganhar a própria vida, não será marido de minha filha. Eu aprendi uma ou duas coisas a respeito do valor de uma profissão e habilidades."

O mensageiro regressou e contou ao amo o que o estúpido camponês havia dito, acrescentando: "Não devemos nos preocupar com pessoas como essa gente, senhor, porque elas não sabem nada sobre a ocupação dos sultões".

Mesmo assim, uma vez recuperado da surpresa, o sultão disse: “Estou perdidamente apaixonado pela filha desse pastor e por isso devo estar preparado para fazer qualquer coisa que seu pai ordene a fim de casar-me com ela”.

Deixou o império nas mãos de um regente e foi ser aprendiz de um tecelão de tapetes. Depois de um ano, já dominava a arte de fazer tapetes. Com alguns de seus próprios trabalhos, foi até a cabana do rei-pastor.

Apresentou-se diante dele dizendo: “Sou o sultão deste país e queria casar-me com sua filha, se ela me aceitar. Tendo recebido a mensagem de que o senhor requer de um futuro genro habilidades úteis e uma profissão, estudei tecelagem. Estes são alguns exemplares de meu trabalho”.

“Quanto tempo você levou para fazer este tapete?”, perguntou o rei-pastor.

“Três semanas!”, respondeu o sultão.

“Quando o vender, por quanto tempo você poderá viver com o que obtiver?”, indagou o rei-pastor.

“Três meses!”, respondeu o sultão.

“Você pode casar-se com minha filha, se ela o aceitar!”, declarou o rei-pastor.

O sultão ficou encantado e feliz quando a princesa consentiu em casar-se com ele. “Seu pai”, disse ele, “mesmo sendo um camponês, é um homem sábio e sagaz.”

“Um camponês pode ser tão inteligente quanto um sultão”, disse a princesa. “Mas um rei, se teve a experiência necessária, pode vir a ser tão sábio quanto o camponês mais sagaz”.

O sultão e a princesa se casaram com todo o esplendor.

O rei-pastor regressou ao seu país, com ajuda de seu novo genro, e ficou conhecido como um monarca bom e inteligente, que nunca se cansou de estimular seus súditos para que aprendessem uma profissão.

Descubra sua vocação, transforme-a numa profissão e jamais se afaste dela ao longo de sua vida.

Princípio do pedir

Muito do que deixamos de conseguir deve-se ao fato de não pedirmos, já antecipando a resposta "não" a uma pergunta que nem fizemos.

Aprender a pedir também é uma forma de antecipar aquilo que desejamos.

Um experiente ladrão roubou um valioso vaso de um museu – cravejado de com diamantes, safiras e filetes de ouro, uma verdadeira raridade.

Após vendê-lo, encontrou-se com seus amigos e um deles perguntou por quanto o tinha vendido.

Ele respondeu que o vendera por cinqüenta moedas de prata.

"Não acredito que vendeu aquela peça por apenas cinqüenta moedas de prata, valia muito mais!", disse o amigo.

"Mas existe número maior que cinqüenta?", retrucou o ladrão.

Conheça aquilo que tem nas mãos, e quanto vale, para fazer o pedido de forma correta.

Muitas vezes por ignorância, por uma energia limitadora, medo ou até mesmo orgulho, ficamos sentados à mesa esperando que o prato assado voe até nossa boca, e acabamos saindo dela sem comê-lo.

Peça sabendo o que realmente quer, acreditando que merece receber e pode conseguir.

Domine-se pela própria paixão, agindo mesmo com o medo à sua volta, aprendendo com a experiência e sendo persistente.

Você pode até não conseguir aquilo que pediu hoje, mas, por outro lado, jamais conseguirá aquilo que nunca pediu.

Você pode até ouvir muitos "nãos", mas com certeza bastará um "sim" para que continue.

Nunca espere o momento perfeito para pedir, invente-o agora mesmo, pois ele não existe até que você o coloque em prática.

Pedir é um recurso poderoso, mas ineficaz quando desprezado.

Certamente, todos aqueles que lhe dizem "não" na realidade não podem fazer nada. Então você não pediu à pessoa certa...

Seja direto e claro em seu pedido, caso contrário, podem arrepender-se, como a mulher que foi a um banco de esperma e pediu um bebê que tivesse o gene de um astro de cinema bem famoso, com cabelos pretos, nariz imponente e olhar profundo.

Acabou levando para casa um filho do Mickey Mouse.

Seu pedido tem de ser justo e de coração, olho no olho, educadamente, com respeito, admiração e pitadas de humor e criatividade, podendo assim abrir as portas que você julgava lacradas.

Tenha certeza de que você tem algo para pedir a alguém!
Agora já sabe como e por que fazê-lo!
Faça seu pedido e boa sorte!

Princípio da tarefa

Executar pequenas tarefas todos os dias pode levá-lo aonde quer chegar. Caso você queira possuir uma montanha, terá de guardar todos os dias um punhado de terra.

Programe pequenas tarefas ligadas àquilo que deseja, aquelas que possam ser cumpridas facilmente todos os dias. Para cada dia uma pequena tarefa. Conseguimos nosso diploma na escola porque cumprimos pequenas obrigações todos os dias durante alguns anos.

Assim é o futuro, um diploma que receberemos depois de muitas tarefas cumpridas.

O primeiro emprego de Bill Gates foi numa biblioteca. Ele não era remunerado, mas mesmo assim cumpria tarefas.

Perca o medo de uma tarefa praticando aquela que você mais receia.

Não se preocupe em querer fazer grandes coisas todos os dias ou resistir a grandes coisas. Faça pequenas coisas todos os dias e estará fazendo muito ao longo do tempo. “Pedra que rola não junta limo”, role em direção ao seu futuro, com tarefas diárias ligadas ao seu objetivo.

A penúria de recursos existia e sempre existiu, porque, na nossa época, não podia existir qualquer tipo de ajuda. O simples fato de a gente ganhar um sanduíche já era considerado profissionalismo.

ADHEMAR FERREIRA DA SILVA,
campeão olímpico de salto triplo (1952 e 1956).

Apesar de tudo, Adhemar Ferreira cumpriu suas tarefas de atleta rumo ao seu objetivo, uma a cada dia. É assim que se constrói um futuro.

O mundo não reconhece as pessoas por aquilo que sabem, mas sim por aquilo que fazem ou induzem os outros a fazer por meio de suas tarefas realizadas.

Por não aceitar pequenos afazeres, muitas pessoas já perderam ótimas oportunidades de mostrar sua verdadeira capacidade, o que certamente faria com que tivessem reconhecimento proporcional à qualidade de seu trabalho. Procure sempre realizar mais e melhores tarefas do que aquilo que normalmente for requisitado.

Princípio do dinheiro

Considere estas frases: "Sou pobre, mas sou feliz", "Sou pobre, mas sou honesto", "Dinheiro é o mal do mundo, para que vou querer mais?", "Estou contente com o que tenho", "Filho, lave as mãos ao pegar em dinheiro, ele é sujo", "É apenas uma moedinha". Elas podem ser uma boa propaganda da pobreza, mas também são um bom "afastador" de dinheiro.

Muito se fala que dinheiro não traz felicidade, mas com ele certamente você poderia procurá-la em lugares interessantes. Ele também pode não comprar a felicidade, mas com ele você poderia alugá-la por tanto tempo que ela pareceria realmente sua.

A frase: "O dinheiro é a origem de todos os males" é um engano. Na verdade, a declaração original seria: "O amor pelo dinheiro é a origem de todos os males". Isso se refere às pessoas que colocam tudo abaixo do dinheiro, inclusive elas mesmas.

Dinheiro não dá em árvore, mas tenha certeza de que dá em qualquer lugar onde sua semente seja plantada e cultivada.

Existem recomendações para cultuar o dinheiro, esfregando-o ou até mesmo carregando uma nota de um dólar. O dinheiro não se multiplica somente pelo que você possui e cultua. Ele é conseguido por meio de atos, pensamentos e, principalmente, realizações.

Esses cultos ao dinheiro são considerados atitudes "alexandrinas", pois, na Grécia, Alexandre Magno dormia todas as noites com a história de Ulisses embaixo do travesseiro para absorver profundamente o inquebrantável espírito daquela figura imortal. Conheço gente que ainda dorme com dinheiro guardado debaixo do colchão, pensando que assim estará sempre próxima a ele. Realmente estará próxima, mas isso não significa que ele irá se multiplicar. Dinheiro é uma grande energia.

Certa vez, um pastor norte-americano respondeu a um repórter que lhe perguntou sobre como estimular os outros a ganhar dinheiro: "Foi o dinheiro que imprimiu a Bíblia, é o dinheiro que constrói as igrejas, que envia os missionários às regiões mais distantes do mundo, que paga os nossos pregadores e não existiriam muitos deles se não tivéssemos como pagá-los. Até mesmo o senhor deixaria o seu jornal se não recebesse".

Ter dinheiro não é pecado. O grande pecado é você não tentar enriquecer ou usufruir de sua riqueza e não trazer nenhum benefício à humanidade.

Encare o dinheiro como uma energia que pode ser atraída até você, uma energia que lhe permite fazer trocas na sociedade, desde que você a semeie, pois a semente do dinheiro é o bom serviço, é servir sempre bem, é procurar fazer o melhor com o que está oferecendo. Não cultue o dinheiro – basta semeá-lo prestando um bom serviço.

O preço para ter ou não dinheiro é uma vigilância diária, uma vez que ele não aceita desaforo e exige respeito. Do contrário, será transformado em um pássaro rebelde e voará para bem longe.

Princípio do delegar

É muito difícil alguém conseguir alcançar seus objetivos sem a ajuda de outros. Necessitamos da colaboração do maior número de pessoas que nos cercam, fazendo-as acreditar que, ao nos auxiliar, estarão também se aproximando da realização de seus objetivos.

Nada de parcerias, construa alianças estratégicas, onde você tem algo a oferecer e o outro lado também, fazendo com que os dois somem possibilidades nutritivas.

Quando Moisés retirou o povo hebreu do Egito e iniciou sua caminhada à Terra Prometida, deve ter enfrentado sérios problemas de organização.

Certo dia, Moisés discutia com o seu sogro Jetro as dificuldades que estava encontrando para manter tudo em ordem.

Jetro sugeriu a Moisés que fizesse agrupamentos de mil pessoas e que posteriormente os dividisse em grupos de cem, cinqüenta e, finalmente, em cinco grupos de dez.

Depois sugeriu a Moisés que pedisse às lideranças de cada grupo que se dirigissem a seu superior caso surgisse qualquer problema para o qual não encontrassem solução.

Moisés deu prosseguimento ao processo, comunicando às lideranças dos agrupamentos de mil a mesma ordem. Dessa forma, ele passou a ter mais tempo para dedicar-se aos problemas que de fato dependiam de sua capacidade de solução.

Reconheça o quanto antes que você não é capaz de responder sozinho a todas as exigências que pesarem sobre seus objetivos; caso contrário, logo perceberá que está dando conta de pouca coisa ou coisa nenhuma.

Princípio da liderança

Rumo ao futuro é importante aprender a decantar a emoção e tirar a razão como saldo.

Esse é um processo que exige muito mais que profissionalismo, visão econômica, tendência mercadológica, tratamento numérico ou experiência de vida. Ele exige liderança. Ser líder não consiste mais em deter a autoridade, mas sim em possuir a arte de capacitar pessoas, fornecer a elas o necessário para seu crescimento próprio e daquilo em que estão envolvidas. Ninguém mais segue líderes com espadas, mas sim com idéias.

Numa posição individual podem-se conseguir vitórias esporádicas, mas as vitórias contínuas somente acontecem quando outros são incluídos no processo e é nesse momento que o ato de liderança começa a existir.

Quantos estão dispostos a acreditar naquilo em que você acredita?

O preço que um líder tem de pagar para manter-se é o constante aperfeiçoamento técnico, cultural e emocional de suas habilidades.

Liderar a si mesmo é a verdadeira natureza da liderança, pois somente assim você pode fornecer exemplos e provas reais de seu comprometimento com aqueles a quem quer conduzir. O líder não caminha sozinho, desperta nos outros o desejo de se unir a ele.

Em sua caminhada para o futuro, é fundamental que você reúna pessoas que possam ajudá-lo e isso somente será possível se desenvolver a capacidade de liderar.

Certa vez, a sra. Rosalynn Carter, esposa do ex-presidente norte-americano Jimmy Carter, disse: "*Um líder não leva as pessoas até onde elas querem ir, mas até onde elas devem estar*".

Agindo com liderança, você envolverá em seu projeto de futuro mais pessoas que muito poderão ajudá-lo.

No ano 334 a.C., Alexandre, o Grande, conduzia seu exército de volta à Grécia, depois de suas vitórias no sul de Caxemira e no leste, através do Indus até Beas, na Índia. Cruzou uma região muito árida e deserta, fazendo os soldados sofrerem terrivelmente com o calor, fome e principalmente sede. Suas gargantas ardiam, seus lábios rachavam e muitos não resistiam.

Certa tarde, o exército encontrou um destacamento de viajantes gregos. Montados em mulas, traziam alguns recipientes com água. Um deles, ao ver o rei quase morto de sede, colocou água em seu elmo e lhe ofereceu.

Alexandre pegou o elmo nas mãos e olhou em torno de si. Observou os rostos dos soldados, que sofriam tanto quanto ele por falta de água, e disse: "Pode levar, pois, se eu beber sozinho esta água, o resto de meu exército continuará sedento – e você não tem o suficiente para todos".

Devolveu a água sem tomar uma gota. Os soldados aclamaram seu rei, ficaram de pé e pediram que ele continuasse a conduzi-los adiante.

Tenha fé

FÉ, MAIS QUE UMA SIMPLES PALAVRA DE DUAS LETRAS.

É uma força definida, um bálsamo que revitaliza, uma influência dinâmica que magnetiza as situações e impulsiona as pessoas rumo ao futuro.

Todo realizador do mundo foi e será movido por essa força, essa ferramenta propulsora, que se torna diretriz da concretização dos desejos e fatos.

A fé é uma forte corrente que trabalha em seu benefício quando acionada e empregada da maneira correta.

Onde existe uma vontade existirá sempre uma maneira de concretizá-la.

O sentimento de fé é um magnetismo que precisa tomar posse de você. Depois que isso acontece, seu mecanismo tem de funcionar de dentro para fora, pois, quando você acredita em alguma coisa, você lhe dá vida em sua mente, ativando o dispositivo do poder criador interior que, por sua vez, executa toda a exteriorização dessa criação.

Aqueles que fazem o mundo são os que têm muita fé, que acreditam em si mesmos, em suas forças interiores e em sua capacidade de invocar o Poder Divino.

Não existem meios de saber o quão profunda é sua fé enquanto você não a colocar à prova.

A Fé é um agente químico que comanda a mente. Quando esse agente se une ao pensamento, nosso subconsciente capta essa vibração, transmite-a para nosso íntimo espiritual e a entrega para a Inteligência do Infinito.

Fé é o único elemento que faz com que a força cósmica do Universo possa ser armazenada e usada pelas pessoas.

Se Deus nunca existiu, passou a existir em virtude de toda fé que o mundo Nele depositou ao longo dos tempos e hoje opera Seus milagres para que nunca falte o elemento que Lhe deu vida: a fé.

Na construção de seu futuro, é importante cultivar com convicção a idéia de que seu pensamento construtivo poderá manipular com sucesso qualquer situação que tenha de enfrentar.

Cada pessoa faz a avaliação de si própria, e isso tem importância fundamental, pois pode determinar aquilo que a pessoa será. Você não poderá fazer mais do que se crê capaz e não será mais do que aquilo que pensa ser. Você é quem aciona o estímulo para seu poder interior.

Meu pai sempre me diz um antigo ditado: "A palavra convence, mas o exemplo arrasta". Baseado nessa lembrança, citarei alguns exemplos da atuação transformadora da fé:

> Um mecânico trabalhava numa oficina da estrada de ferro de Salt Lake City, no estado de Utah, Estados Unidos. Com muita garra e dificuldade conseguiu

economizar pouco mais de quatro mil dólares, dinheiro que usaria para montar seu próprio negócio.

Notou que a indústria automobilística estava em franco desenvolvimento e resolveu entrar no ramo. Usou todo o seu dinheiro para comprar um automóvel. Ao receber o veículo, começou a desmontá-lo e espalhar as peças por sua oficina, remontando-o em seguida. Fez isso tantas vezes que algumas pessoas achavam que ele estava louco.

Na verdade, ele ficou tão familiarizado com as peças daquele automóvel que podia enumerar seus pontos fracos e fortes.

Resolveu então projetar seus próprios automóveis tirando proveito de tudo que aprendera desmontando e montando o próprio carro.

Seus automóveis tornaram-se tão famosos que atravessaram as fronteiras. "O verdadeiro segredo do sucesso está no entusiasmo e na fé. Sim, mais que entusiasmo e fé, eu diria excitação. Gosto de ver pessoas excitadas, pois, quando ficam assim, praticam a fé e fazem da vida um sucesso."

WALTER CHRYSLER,
um mecânico com fé

Ele realizou o sonho de ser um super-herói nas telas do cinema, mas outros sonhos que nunca tivera tomaram conta de sua vida. Em 1995, em virtude de um acidente, ficou tetraplégico. Seu estado era tão grave que sua mãe chegou a implorar aos médicos que desligassem os equipamentos que o mantinham vivo. Ele mesmo confessou que pensava na morte, mas decidiu continuar vivo depois de conversar com sua mulher, Dana Morosino, que lhe disse: "Tenha fé, vou apoiar qualquer decisão que tomar, porque a vida é sua e a decisão deve ser sua, e quero que saiba que ficarei ao seu lado, pois também tenho fé. Não importa o que aconteça, você ainda é você e eu o amo".

Sua fala vez ou outra era interrompida pelo ruído do respirador que forçava o ar para dentro de seus pulmões. Na cadeira, sua cabeça era mantida imóvel numa braçadeira para impedir que sofresse espasmos. Ele falava com voz clara, seu rosto era atraente e expressivo, enquanto suas mãos e o restante de seu corpo de um metro e noventa de altura mantinham-se inertes na cadeira. Seu acidente lhe despertou uma fé especial, ele se transformou num porta-voz e num símbolo das pessoas com lesões da coluna; através da vida que levou e da fundação que criou, sempre vai levar esperança a muitos corações.

CHRISTOPHER REEVE,
um super-homem com fé

Quando tinha 15 anos de idade, ele perdeu a perna esquerda num acidente de moto: um pesadelo para alguém apaixonado pelo surfe. Tornou-se um desafio subir novamente numa prancha e equilibrar-se em uma perna só. Do acidente até sua volta ao mar decorreram dois anos. Permaneceu em São Lourenço, Minas Gerais, até retomar o contato com a água por meio da natação em piscinas. Retornou ao Guarujá e só pensava em surfar. Foi direto para a praia e pegou uma onda na espuma, usou a perna direita atrás e substituiu a esquerda pelo braço. Hoje, participa de competições e é professor de surfe. Ensina, a cada verão, uma média de 1500 pessoas. Fez um curso na Austrália, ficou conhecido como pirata em sua barraca na praia, perto do bar Taiti, onde também aluga equipamentos para iniciantes do surfe. Recebeu um convite para ensinar deficientes físicos norte-americanos a surfar.

ALCINO NETO,
um surfista com fé

No dia 20 de fevereiro de 1962, ele se tornou o primeiro astronauta norte-americano a dar a volta na Terra. Circulou o planeta três vezes, num vôo que durou quatro horas e cinqüenta e cinco minutos. Foi senador, executivo em grandes corporações, candidato à presidência dos Estados Unidos. Preparou-se, depois de 36 anos, para tornar-se o homem mais velho a viajar pelo espaço, com 77 anos, numa missão preparada pela Nasa e que levou seu nome.

Em 29 de outubro de 1998, ele voltou ao espaço a bordo da Discovery.

JOHN GLEEN,
um astronauta com fé

Em 1971, ele perdeu o pé direito num acidente de automóvel, mas isso não o afastou de seu objetivo. Foi o primeiro homem com deficiência física a escalar o monte mais alto do mundo, o Everest (Nepal), com 8848 metros de altura. Um homem sem um pé no topo do mundo.

TOM WHITAKER,
um alpinista com fé

Dois funileiros abrem uma oficina na garagem de um deles, acreditando na criação de novas tecnologias. Sua primeira invenção foi um afinador elétrico de gaitas: nascia a Hewlett Packard Information Systems.

WILLIAM HEWLETT e DAVID PACKARD,
dois funileiros com fé

Durante o século XIX, uma série de pacientes submetida a cirurgia morria de infecções decorrentes das péssimas condições de higiene. Um jovem demonstra a seus irmãos a importância de fabricar ataduras esterilizadas. Surgia a Johnson & Johnson.

ROBERT, EDWARD e JAMES JOHNSON,
três irmãos com fé

Um cirurgião acreditava poder realizar uma cirurgia praticamente impossível e necessitava fazê-la antes que a artrite reumatóide de que sofria o impedisse. Acabou tornando-se o primeiro médico a realizar o transplante de coração humano com êxito.

Dr. Christian Barnard,
um médico com fé

Um viciado em álcool desejou vencer essa doença e orou: "Ajude-me, querido Deus, por favor, ajude-me sou incapaz, nada posso sozinho, por favor, ajude-me". Sentiu um vento forte, fresco e limpo soprar dentro dele parecendo limpá-lo, levando toda sua fraqueza embora, dando-lhe uma sensação de renascimento. Resolveu dividir com as pessoas o incrível alívio que sentiu. Nascia então a entidade filantrópica dos Alcoólicos Anônimos, que tem em todas as suas sedes a frase: "Pela graça de Deus, prossigo".

Bill Wilson,
um alcoólatra com fé

O século XV fez uma contribuição decisiva para nossa história: a invenção da imprensa. Por causa dela, o poder da palavra escrita se multiplicou. Isso foi bom para o mundo e também para a fé cristã, porque o primeiro livro impresso por Johannes Gutemberg foi a Bíblia, no ano de 1456. Já no século XVI, devido

> ao trabalho de Gutemberg, os textos bíblicos poderiam ser lidos por qualquer pessoa que soubesse latim. Foi publicada a primeira tradução completa da Bíblia para a língua inglesa. Porém, a Igreja proibiu sua circulação e um bispo comprou quase todo o estoque e o queimou. A pressão para que o cidadão que havia feito a tradução voltasse atrás e se arrependesse era tanta que ele acabou isolado. A Inquisição não deixou que ele continuasse com seu ideal – foi julgado como herege e condenado à fogueira.
>
> Algum tempo depois, Henrique VII autorizou a publicação de uma nova tradução baseada totalmente no trabalho daquele cidadão e a chamou de *A grande Bíblia*, que foi distribuída em todas as abadias e mosteiros católicos da Inglaterra.
>
> William Tyndale,
> um cidadão com fé

Carregar o sentimento de fé em seu coração é levar consigo seu reino e exército, com os quais poderá estabelecer-se aonde for ou conquistar aquilo que quiser, sempre com o aval do poder infinito.

Princípio da crença

Acreditar no poder infinito do Universo é ter dentro de si um lugar sagrado, onde é estabelecido um harmonioso relacionamento entre mente, consciente e subconsciente. Eis a sua crença.

Nada existe sem uma crença. Sua ausência aprisiona o espírito, cuja sentença é cumprida pelo próprio corpo. Quando se tira tudo de um povo, ainda assim resta-lhe a crença. Muitas vezes, em meio às adversidades do mundo julgamos ter perdido muitas coisas, mas nossa crença é intocável. Ela é a nossa centelha para qualquer recomeço.

As religiões dividiram o mundo, mas suas crenças as unem numa só direção: a direção do Criador.

Edifique um lugar sagrado em seu coração para comungar com o Universo, pratique sua crença durante um minuto todos os dias. É nesse momento que você deve pedir forças para vencer ou celebrar suas vitórias.

Princípio da busca divina

Talvez a pergunta que as pessoas mais façam seja: "Onde está Deus?"

A resposta poderia solucionar muitos dos nossos problemas pessoais, profissionais e espirituais, mas talvez ainda não tenhamos essa resposta por estarmos procurando no lugar errado...

Certa vez, em uma de suas maravilhosas palestras, mestre "Jomano" disse: "Passei tanto tempo Te procurando, não sabia onde estavas. Olhava para o infinito e não Te via. E pensava comigo mesmo: 'Será que Tu existes?'. Não me contentava com a busca e prosseguia. Tentava Te encontrar nas religiões e nos templos.

Tu também não estavas. Busquei-Te por meio dos sacerdotes e pastores, também não Te encontrei. Senti-me só, vazio, desesperado e descri. Na descrença Te ofendi, na ofensa tropecei, no tropeço caí, na queda senti-me fraco e fraco procurei por socorro. No socorro encontrei amigos, nos amigos encontrei carinho, no carinho vi nascer o amor e com ele vi um mundo novo. E no mundo novo resolvi viver. O que recebi resolvi doar. Doando muito recebi e recebendo senti-me feliz; ao ser feliz, encontrei a paz e tendo paz enxerguei que dentro de mim é que Tu estavas. E, sem procurar-Te, foi que Te encontrei".

A felicidade existe

São tantas as coisas que julgamos compor a felicidade que a maioria das pessoas acredita que nunca será possível alcançá-la.

Vivem momentos e instantes felizes, mas não uma vida feliz, sentindo apenas uma parte da magia da felicidade.

Muitos contribuem para a infelicidade à "falta de..." Sempre falta algo: o carro novo, a casa nova, o reconhecimento, o bom marido, a boa esposa, o bom governo, a oportunidade... sempre falta algo.

Uma narrativa antiga fala de Alexandre, o Grande, que, ao retornar de uma de suas batalhas na Índia, encontrou Diógenes, um cavaleiro imbatível.

Bastante interessado na importância que Alexandre dava às suas conquistas, Diógenes quis conhecê-lo melhor e passou a acompanhar suas ordens ao exército, que o ouvia atentamente.

Sentou-se ao lado de Alexandre e, após ter ouvido suas ordens, perguntou: "O que você faz com esse exército, dando-lhe tantas ordens apressadas?"

Alexandre, vendo-o tão indignado com suas enérgicas ordens, responde: "Preciso conquistar o mundo!"

Diógenes, confuso com tanta pressa e ordens que mal pareciam vindas de um grande conquistador, diz: "Por que você não descansa um pouco antes de empreender uma nova batalha?"

"Só depois de conquistar o mundo", responde Alexandre.

Diógenes senta-se então embaixo de uma árvore. Alexandre o interrompe bruscamente: "E por que você não faz algo em vez de ficar aí sentado?"

"Mas agora estou descansando", responde Diógenes. "Depois de ter o espírito bem repousado, o meu corpo estará pronto para travar qualquer embate e assim terei maior certeza de vitória!"

~

Para alguns, a felicidade só é encontrada depois de muito ter.

Na realidade, a felicidade só existe se você consegue ser o que você é, encarando-se de frente, sem medo de ser feliz.

Ninguém é feliz por aquilo que possui, mas sim por aquilo que tem dentro de si.

A felicidade não é exclusivamente daqueles que têm poder financeiro: ela está no ar que você respira, está no olhar que você lança à própria vida e em como armazena esse olhar em seu coração.

Felicidade é um estado de espírito, e não de corpo, portanto está dentro de nós e não fora. É uma manifestação de seu íntimo e não do mundo. O mundo não lhe trará felicidade; você é quem tem de descobri-la em seu interior e tornar-se feliz.

~

A tradição sufi conta a história de um homem que vivia numa situação confortável e certo dia foi visitar um sábio.

"Grande sábio", disse ele, "não tenho problemas materiais. Contudo não estou satisfeito. Durante anos tenho procurado ser feliz, encontrar uma resposta para meus pensamentos, estar em paz com o mundo. Por favor, aconselhe-me: como posso curar-me desse mal?"

"Meu amigo", respondeu-lhe o sábio, "o que está oculto para uns é evidente para outros. Tenho a solução para seu mal, embora não seja remédio comum. Você deve fazer uma viagem, que acredito seja longa, e procurar o homem mais feliz do mundo. Quando o encontrar, deve pedir sua camisa e vesti-la."

Incansável e com seu objetivo definido, o homem começou a procurar por pessoas felizes. A cada um que encontrava fazia sempre a mesma pergunta: "Você é feliz?"

E todos sempre respondiam "Sim, sou feliz, mas há alguém mais feliz do que eu".

Depois de viajar de país em país por muito tempo, chegou a um bosque onde diziam viver o homem mais feliz do mundo. Ouviu o som de sua risada atrás das árvores e apressou o passo até chegar perto de um homem sentado numa clareira.

"Você é o homem mais feliz do mundo como dizem?", perguntou-lhe.

"Sou, com certeza", disse o homem.

"Meu nome e minha condição aqui estão. Meu remédio, receitado pelo maior sábio, é usar sua camisa. Por favor, você poderia dá-la para mim? Em troca eu lhe darei tudo o que possuo."

O homem mais feliz do mundo olhou-o bem de perto e riu. Riu e riu.

O inquieto viajante, um tanto aborrecido com sua reação, disse: "Você deve estar fora do seu juízo para rir de um pedido tão sério!"

"Quem sabe?", disse o homem feliz: "Mas, se você apenas tivesse tido o trabalho de olhar-me, teria visto que não possuo camisa alguma".

"E agora, que faço então?", perguntou o viajante.

"Agora você ficará curado. Esforçar-se por uma coisa inatingível leva-nos a conseguir o necessário. Quando um homem reúne todas suas forças para saltar um rio como se fosse mais largo do que realmente é, certamente o atravessa."

Então, o homem mais feliz do mundo tirou o turbante cuja ponta escondia seu rosto. O viajante viu que ele não era outro senão o grande sábio que o tinha aconselhado no início.

"Por que não me disse isso quando fui procurá-lo?", perguntou o viajante, desconcertado.

"Porque, naquela época, você não estava pronto para compreender. Precisava passar por certas experiências."

Viver as experiências que a vida nos propõe é estar no caminho da felicidade. Interpretá-las como impõe o mundo e não como indica o nosso coração é afastar-se do caminho da felicidade. Por diversas vezes, agimos com tanta precaução que acabamos deturpando nossa verdadeira intenção para não sermos vulneráveis a fatos que nos atingiram.

A vida não começa quando você nasce, mas sim quando decide vivê-la. É preciso que decida ser feliz para encontrar a felicidade – sem isso, ela não acontece.

Viver por viver é o mesmo que não existir.

Se você deseja ser feliz, tem de descobrir sua trilha individual para a felicidade, deixar nela suas pegadas, sua marca e seu coração.

Tudo tem um preço, ser feliz também tem o seu: romper dogmas, barreiras familiares, normas, conceitos e preconceitos. Algumas regras que o fizeram ser como você é agora.

Casamento mantido pela instituição, amizades por interesse, emprego por salário, carreira por vontade alheia, postura para manter aparências, um amor abandonado, perdões não concedidos, necessidade de posse – eis algumas máscaras que o impedem de ser aquela pessoa que você realmente é, tornando-o uma presa fácil da infelicidade.

~

Eram jovens infelizes que se tornaram pessoas maduras infelizes e no futuro serão pessoas idosas infelizes.

Em sua obra, *Famosas últimas palavras*, B. Conrad diz: "Ao fazer uma retrospectiva de sua vida, o pintor Hokusai disse que as obras por ele produzidas até os 50 anos não tinham nenhum valor, e que somente aos 70 anos tinha começado a criar trabalhos de valor. Aos 89, já em seu leito de morte, lamentou: 'Se o céu tivesse me dado mais anos, poderia tornar-me um pintor de verdade'".

Muita gente acredita ser um verdadeiro leão por suas conquistas ou capacidade de luta, esquecendo-se da felicidade.

Por se acreditar superior, tratam-a como um ratinho, acham-a dispensável e nem percebe que é infeliz e que essa amizade de igual para igual com a felicidade poderia salvá-la.

> Ao sair do buraco, um ratinho viu-se entre as patas do leão. Estacou, de pêlo em pé, paralisado pelo terror. O leão, porém, não lhe fez mal.
> "Segue em paz, ratinho, não tenha medo do seu rei, sou seu amigo!"
> Dias depois, o leão caiu numa rede de caçadores e rugiu desesperado. Debateu-se, mas, quanto mais se agitava, mais preso ficava.
> Atraído pelos rugidos, o ratinho apareceu.
> "Amizade com amizade se paga", pensou o ratinho consigo mesmo, passando a roer a rede. A primeira malha foi rompida, as outras cordas se afrouxaram e o leão pôde soltar-se e fugir.
>
> MONTEIRO LOBATO

Tenha boa amizade com a felicidade, pois um dia ela poderá salvá-lo da rede que a existência lançar sobre você para imobilizá-lo, impedindo-o de caminhar livre por nosso próprio reino, composto por nossa crença, nosso trabalho, nosso lar e nosso amor pela vida...

Quando a felicidade chega, não traz consigo uma enorme tabuleta ou uma banda tocando tambores. Ela não se anuncia, tem de ser reconhecida.

E quantas vezes ela já nos rodeou, e até sentou em nosso colo, mas estávamos ocupados demais para notar?

Depois que ela parte, dizemos: "Ah! Aquele era o amor de minha vida, nunca mais terei outro; aquele era o emprego dos meus sonhos; aquilo era tudo o que eu realmente queria..."

Esteja alerta aos fatos que lhe parecem os mais comuns de sua vida, pois ali pode estar uma das pontas de uma longa linha da felicidade.

Harvey Firestone, Thomas Edison, John Burroughs e Henry Ford eram amigos e costumavam viajar juntos. Certa vez, quando seguiam para a Flórida, durante o inverno, pararam num posto de gasolina e, ao serem atendidos pelo frentista, Ford disse: "Queremos algumas lâmpadas para nossos abajures. A propósito, aquele é Thomas Edison, sentado lá no carro, e eu sou Henry Ford".

O frentista do posto sequer ergueu os olhos, cuspindo seu tabaco mascado com claro desprezo.

"Gostaríamos também de um pneu novo, caso você tenha aí um Firestone. O outro que está no carro é o próprio Harvey Firestone", prosseguiu Ford.

O frentista continuou sem falar absolutamente nada.

Enquanto ele colocava o pneu na roda, John Burroughs, com aquela sua longa barba branca, colocou a cabeça para fora do carro e disse:

"Como vai, meu bom homem?"

Finalmente, o frentista do posto resolveu dar a graça de sua palavra. Olhou diretamente no rosto de Burroughs e disse: "Se você disser que é Papai Noel, não duvide que eu quebre sua cabeça com esta chave de roda!"

~

Estar com pessoas tão ilustres de uma só vez é uma felicidade para poucos. Era difícil para o frentista acreditar, por isso não aproveitou a oportunidade. Ele não estava alerta, mas cheio de dúvidas e ocupado demais, ou até mesmo infeliz, para dar o devido valor àquele momento.

A felicidade aparece e, quando isso acontecer, não duvide dela! Acredite e poderá desfrutá-la.

Felicidade não é aquilo que se quer da vida, é aquilo que se faz da vida.

Princípio da satisfação alheia

Satisfaça você e não os outros. Viver para deixar os outros felizes acaba anulando sua identidade e falsificando seus atos para consigo próprio. Você também já deve ter ouvido estas afirmações: "Dei minha vida pelo meu filho para ele ser feliz e veja como me trata"; "Anulei-me no casamento para satisfazê-lo e é isso que ganho"; "Vivo para fazê-lo feliz e agora recebo só ingratidão..."

Quando não somos nós mesmos, emitimos uma moeda falsa com a qual pagamos e garantimos um relacionamento e, um dia, seremos reembolsados com essa mesma moeda.

Aqueles que estiverem interessados em você o aceitarão como é, e até aprenderão a gostar de você. Não exercitar sua própria personalidade acaba construindo uma pessoa com vazios quase irreparáveis.

Você não veio ao mundo para fazer o outro feliz, mas sim para ser feliz. Ninguém é realmente feliz fazendo os outros felizes, isso é um engano. Seja feliz primeiro e só depois divida sua felicidade. Você primeiro, você primeiro... primeiro você... Porque ninguém divide aquilo que não tem.

Certa vez, um mercador, cansado de sua viagem, abrigou-se numa hospedaria armênia, onde teve seus pés doloridos lavados pela dona do estabelecimento. Foi recebido com farta e boa comida, além de muita bebida. No dia de sua partida, o casal dono da hospedaria ofereceu-lhe um maravilhoso jantar. Na tradição desse povo, recusar um prato significa ofensa ao anfitrião. O mercador já estava farto e não conseguia comer mais nada quando a mulher trouxe um quibe especialmente feito para ele.

“Por favor, me perdoem, mas não posso comer mais nada, não agüento!”, disse o mercador.

“Você não pode fazer isso, fiz esse quibe especialmente para agradá-lo; é uma receita antiga da família e só a faço para visitantes muito especiais. Por favor, coma para fazer-me feliz”, disse a mulher.

O mercador, encabulado e estufado, terminou por arranjar um espaço em seu estômago para o quibe. Comeu tudo com muito sacrifício e, quando terminou, até suspirou de alívio.

“Gostou? Eu não falei que era bom?”, disse a mulher.

“Gostei! Realmente é muito gostoso!”, disse o mercador.

"Então coma mais um pouco, pois fiz somente para agradá-lo, coma para eu ficar feliz", disse a mulher enchendo o prato do mercador novamente.

"Não, não, eu não agüento mais!", disse o mercador.

"Ah! Já está no prato, coma só mais esse para completar minha felicidade", disse a mulher.

"Coma, senhor, tudo isso é só para agradá-lo. Minha mulher vai ficar muito feliz", reforçou o marido.

O mercador começou a comer com garfadas lentas e, após a quarta garfada, sua cadeira tombou para trás. Seu corpo ficou inerte, estendido no chão.

O casal de armênios correu em seu socorro. O homem o segurou nos braços, levantando sua cabeça. Cheios de preocupação, disseram: "O que aconteceu, patrício, você está bem? Por favor, responda!"

"Eu só quis agradá-lo e o senhor estava me fazendo muito feliz. Por favor, responda", disse a mulher.

O mercador abriu um pouco os olhos e, com a voz embargada, respondeu: "Não aconteceu nada, senhora, nadinha, só para agradá-la, eu estou morrendo..."

Não sofra e não morra para ver alguém feliz.

O melhor que você pode fazer por alguém é contagiá-lo com sua felicidade. Dessa maneira, cria na pessoa a vontade de se tornar feliz como você é.

Olhe-se no espelho, olhe bem, e verá que é uma pessoa rara, sim, muito rara, porque não existe no mundo ninguém igual a você.

Acredite que Deus ainda deposita Sua fé em você.

Se Ele ainda tem fé em você, por que você mesmo não teria?

Faça um inventário de suas alegrias e vitórias, celebre esse inventário. Faça como o Batman: distribua esse inventário em seu cinto de utilidades, vista-o sempre que tiver de sair para viver e use cada compartimento desse cinto. Abra uma dessas bolsinhas toda vez que sentir alguma fraqueza. Lembre-se de que você acumula alegrias e vitórias. Sinta-se uma pessoa grata por ser você – esse é o grande ponto de partida e chegada, tudo começa com você e termina em você, desde que reconheça que é a pedra principal. Desfrute a magia da felicidade.

Torne-se alguém muito feliz, você merece...

Princípio do problema

Normalmente, quando alguém começa a explicar por que não é feliz, logo vai falando de seus problemas com a esposa, com o trabalho, com os filhos, com o vizinho...

Pode-se até concluir que as pessoas não são felizes porque têm problemas. Mas será que a ausência de problemas traria a felicidade? Será que a felicidade somente irá acontecer na vida das pessoas se elas herdarem o paraíso?

Será que a solução para não ter problemas no casamento é não casar; para não ter problemas com filhos é não ter filhos; para não ter problemas no trabalho é não trabalhar...?

Viver é a arte de administrar problemas: eles fazem parte da construção de nossa vida. Problemas são gotas de oportunidades que nos fazem refletir sobre as dificuldades; são etapas a ser vencidas e compreendidas.

Antes de qualquer empreendimento ter sucesso, ele teve de vencer problemas; antes de um amor ser vivido, com certeza alguns problemas tiveram de ser vencidos.

Problemas sempre surgirão; são fatores importantes no processo de crescimento econômico, social, pessoal, profissional e espiritual.

Com certeza, as grandes mudanças em sua vida somente ocorreram quando você esteve diante de problemas.

Eles têm duas faces: uma construtiva e outra destrutiva. A construtiva ocorre quando a pessoa encara o problema como uma chance de aperfeiçoamento e a destrutiva, quando a pessoa encara o problema como um sepultamento.

O índice de separações de casais nos dias de hoje é muito maior que no tempo de nossos pais e avós. Uma das principais razões para isso é que, naquela época, os problemas eram motivos de maior união entre os dois. Atualmente, ao menor sinal de problemas, os casais optam por romper seu relacionamento. As pessoas separam-se pelo simples fato de esquecerem aquilo que um dia as uniu.

Os problemas são o vento que sopra para impulsionar nossas velas pelo mar da existência; deixe-os soprar e vá ajustando as velas.

Não existe problema sem solução. Encare-o pelo lado construtivo, veja nele uma oportunidade favorável a seus objetivos, pense no prazer e na recompensa quando a solução chegar. Afinal, os problemas somente aparecem em nossas vidas quando nos acomodamos, em vez de importuná-los com tentativas de soluções.

Não importa se você já tentou cem vezes e falhou. Continue tentando. Agora suas chances são maiores, pois já descobriu cem tentativas que não funcionaram...

Todo problema torna-se insignificante quando nosso esforço pela busca da solução tem efeito.

Não há como construir um grande futuro sem resolver grandes problemas.

Princípio da opinião

A sua opinião é a mais importante.

Você tem o dom e a palavra para exprimir seus anseios e verdades e assim formar as suas opiniões. Não as deixe trancafiadas, apenas porque elas soam diferentes das demais.

Existiu um lenhador viúvo que acordava às seis da manhã, trabalhava o dia inteiro cortando lenha e só parava muito tarde da noite. Ele tinha um lindo filho de poucos meses e uma raposa, sua amiga, tratada como bicho de estimação e de sua total confiança.

Todos os dias o lenhador ia trabalhar e deixava a raposa cuidando de seu filho. À noite, quando retornava do trabalho, a raposa ficava feliz com sua chegada.

Seus vizinhos o alertavam dizendo que a raposa era um bicho traiçoeiro, um animal selvagem e que, portanto, não era confiável. Diziam que, quando sentisse fome, comeria a criança.

O lenhador sempre retrucava aos vizinhos e falava que isso era uma grande bobagem, pois ela era sua amiga, como se fosse seu cachorro de estimação, e jamais faria isso.

Os vizinhos insistiam: "Lenhador abra os olhos! A raposa vai comer seu filho. Quando sentir fome, comerá seu filho!"

Uma noite, quando chegou em casa depois de um dia muito exaustivo de trabalho, também muito cansado dos comentários dos vizinhos, viu a raposa sorrindo como sempre, e sua boca estava manchada de sangue...

O lenhador suou frio e, sem pensar duas vezes, acertou o machado na cabeça da raposa. Invadiu, desesperado, o quarto do filho e o encontrou no berço, dormindo tranqüilamente. Ao lado do berço havia uma cobra morta...

O lenhador enterrou o machado e a raposa juntos.

Se você confia em alguém, não importa o que os outros pensem a respeito, siga sempre o seu caminho e não se deixe influenciar. E, principalmente, nunca tome decisões precipitadas.

Opiniões são para ser ditas por quem acredita nelas, mas não devem servir de referencial para você projetar seu futuro. Use os seus argumentos e sua experiência, construindo assim o seu caminho.

O que os outros pensam de você é problema deles, não seu.

Trace um novo rumo

Para atingirmos o futuro desejado, devemos ter certeza de que jamais estamos sem rumo.

O sucesso de seu futuro é a implementação progressiva de rumos compensadores que lhe sejam muito importantes.

Os rumos que você se impuser funcionarão de duas maneiras: você irá desenvolvê-los e eles vão desenvolvê-lo, pessoal ou profissionalmente, dando-lhe uma luz a seguir.

Concentre-se naquilo em que você é forte, saiba definir tudo que tem de ser deixado para trás, pois o que ganhará por seguir seu rumo é pouco diante da pessoa que surgirá em você ao segui-lo.

Traçar um novo rumo é construir sua própria estrada.

Desenvolva seu próprio jeito de amar a família, seu trabalho, seus amigos e seus objetivos.

Este é o momento para rever seus passos, contar suas vitórias, deixar para trás seus dissabores, elaborar novos planos ou retomar aqueles que foram abandonados.

Este é o momento de se alinhar para seguir rumo à pessoa que você sempre sonhou ser; liberte o seu melhor, e ninguém poderá forçá-lo a ser menos do que decidir ser.

Ninguém nunca venceu dando destaque às suas inseguranças, mas sim ao seu lado grandioso.

Este é o momento de refletir sobre suas atividades atuais, saber se elas caminham para onde você deseja ir.

Este é o momento de reconhecer que você sobreviveu aos obstáculos, aos desapontamentos, às decepções, às traições. E que adquiriu conhecimentos, sentimentos novos e aumentou sua vontade de crescer.

Este é o momento de sentir que é menos gratificante evitar uma dor do que superá-la.

Este é o momento de não parar.

Este é o momento de afiar seu serrote e continuar cortando os galhos velhos e fracos de sua árvore, moldando-a para o futuro. Leonardo da Vinci disse: "O ferro oxida com a falta de uso, a água estagnada perde a sua pureza e quando faz frio gela; a inatividade também chega assim, minando os poderes da mente".

Este é o seu momento...

Princípio do amor

Este é um sentimento antigo, que deve nos acompanhar pela vida. Quando nos afastamos dele, a vida nos faz lembrá-lo de alguma maneira. Nada é permanente fora dele. O amor cria nas pessoas uma paixão por aquilo que vivem e fazem, conduzindo-as com entusiasmo por seus caminhos.

A verdade de sua importância, como fator primordial de qualquer existência, vem sendo manifestada através dos tempos por mestres e sábios.

As obras que têm por base o amor aos nossos semelhantes são as que devem ser ambicionadas...
KRISHNA, 3000 A.C.

Ele buscou para os outros o bem que desejava para si mesmo.
INSCRIÇÃO EM TÚMULO EGÍPCIO DATADA DE 1600 A.C.

Não faça aos outros o que não gostaria que fizessem a você.
CONFÚCIO, FILÓSOFO CHINÊS (551-470 A.C.)

Devemos proceder com o mundo como desejamos que o mundo proceda conosco.
ARISTÓTELES, FILÓSOFO GREGO (384-322 A.C.)

Amarás o teu próximo como a ti mesmo.
JESUS CRISTO (MATEUS 22, 39)

O princípio do amor deve fazer parte de seu novo rumo. Ele é muito simples – nós é que somos muito complicados para entendê-lo e praticá-lo.

Coloque amor em seus relacionamentos com amigos, familiares e ambiente de trabalho, coloque-o em sua vida... Compreendê-lo e tê-lo em nossas manifestações de existência é seguir rumo ao futuro envolvido pelas mãos de Deus.

Princípio da auto-estima

É fácil reconhecer quando uma pessoa tem baixa auto-estima: basta solucionar todos os problemas dela e ela continua a se lamentar da vida. Muitas pessoas terminam por viciar-se em emoções desastrosas para sua própria vida, a ponto de acharem normal sofrer e passar pelos problemas que passam. Possuir auto-estima é preservar-se contra qualquer fator que possa causar sensações desagradáveis ao jeito de ser.

Podemos oferecer apenas aquilo que temos. Existem pessoas que passam um longo tempo de suas vidas vivendo a vida do outro, fazendo tudo apenas para o outro, como se elas não existissem, e o outro não está nem aí... Quanta gente aluga boa parte de sua vida para outros, tornando-se muro de lamentações, mesa de pileques-emocionais, empregados conjugais ou até mesmo saco de pancadas?

Muitas vezes, algumas pessoas querem ser reconhecidas, amadas e respeitadas e acham que, se abandonarem sua auto-estima e fizerem tudo o que o outro acha bonitinho vão conseguir o que querem. Mas, agindo desta maneira, só vão conseguir lotar sua vida com tristeza e decepções. Pense mais em você, seja uma pessoa bonita e interessante primeiro para você, e, toda vez que tiver que alugar sua vida para alguém, pense que está desperdiçando um tempo precioso de sua possibilidade de ser feliz e compartilhar esta felicidade.

Princípio da motivação

Não seja mais uma vítima dos catalisadores de negatividade em relação aos seus sonhos e futuro; eles são aqueles que sempre rodeiam os que estão no caminho da vitória, são infelizes que pregam a felicidade; são os que nunca ganharam um vintém e querem ensiná-lo a ganhar milhões, aqueles que não amam e falam de amor... Sempre que um deles fala: "Vou dizer isso para seu bem", vem algo ruim depois... Mas esses destruidores somente podem atuar em nossa vida se permitirmos que isso aconteça.

Afaste-se de pessoas negativas, elas são como teias de aranha que nos envolvem delicadamente e depois são difíceis de ser retiradas.

Quando um catalisador de negatividade para os sonhos age, normalmente é em pequenas doses, e sempre julgamos que isso não faz mal, mas faz sim, pois, por pequenas coisas, às vezes perdemos grandes coisas.

Existe um ditado que diz: "Por causa de um cravo, perdeu-se a ferradura. Por causa de uma ferradura, perdeu-se o cavalo. Por causa de um cavalo, perdeu-se o cavaleiro. Por causa de um cavaleiro, perdeu-se a batalha. Por causa de uma batalha, perdeu-se o reino!"

É o seu reino que está em jogo. Maus agouros têm perna curta, mas correm rápido e fazem muitos estragos. Livre-se deles.

Não tente adaptar-se às situações que não vão ao encontro de seus anseios de existência. Principalmente se vierem de pessoas negativas, que na realidade não se importam com você, apenas testam em você o "kit-malvadeza" que as alimenta.

Manter-se uma pessoa motivada é a única maneira de livrar-se dos catalisadores de negatividade para seu sonho e seu futuro. A motivação é como o banho – devemos ter contato com ela todos os dias, pois, assim como nosso corpo é limpo das impurezas do mundo pelo banho, a motivação limpa nossa mente e coração das impurezas das bocas do mundo.

Uma pessoa motivada é aquela que se prepara para poder realizar suas estratégias de vida e sua missão de existência com sucesso e felicidade.

Como hoje nada é 100% previsível ou 100% controlável, precisamos aperfeiçoar cada vez mais nossas atitudes funcionais e motivacionais.

Se dê o direito através de um plano motivacional estratégico de realizar alguma coisa extravagante que lhe permita a sensação de liberdade.

Meu filho Breno estava na fase de concluir a Primeira Comunhão, a participação dos pais é fundamental nesta fase com a presença na Missa aos Domingos, onde ele, juntamente com outras crianças, fazia a leitura de um trecho do Evangelho. Aliás, foi num destes momentos, vendo meu filho ler um trecho do Evangelho, que lembrei do meu primeiro contato com o público; foi quando tinha a idade dele, 11 anos, e fui ler no púlpito da Igreja São Carlos, na Vila Prudente, um trecho do Evangelho numa Missa de Domingo.

Após a leitura, houve uma canção de louvor, interpretada pelo coral da igreja. Durante a execução da canção, enquanto todos tentavam acompanhar a letra, um rapaz aparentando deficiência, começou a também acompanhar a canção e ele gritava muito mais alto que qualquer pessoa da Igreja ou do coral, gritava com fervor intenso, mas estava completamente fora do ritmo de toda a igreja. A canção continuava, as pessoas começam a olhar para encontrar quem estava emitindo o "*cantarolar*" fora de ritmo e certamente causando desconforto para muita gente dentro da igreja durante aquela missa.

O rapaz estava no banco ao meu lado e eu podia sentir amor em sua expressão de fé, mas as pessoas estavam incomodadas, até que uma delas, da fileira a minha frente, disse: "*Alguém aí pode fazer este jovem parar de cantar desta maneira ou retirá-lo da igreja?*"

Meu filho Arthur, que estava ao lado do irmão Ygor disse: "Papai o senhor acha que ele está cantando mal?" "Não, meu filho, preste atenção... Ele é o único que sabe a letra da canção, a maioria das pessoas na igreja apenas balbucia a letra, este jovem sabe a letra direitinho, e é o único que está cantando com amor, ele é o único que está com o coração na música da melhor maneira que aprendeu, as outras pessoas estão aqui com a mente, ele está aqui com o coração, se Cristo tiver que escolher alguém desta Missa para cantar no Céu hoje, com certeza será este jovem trovador, que colocou o coração no que está fazendo."

Um coração tem em média, por dia, cem mil batimentos e mais de 2,5 bilhões em toda uma vida, proeza que confirma a incrível resistência de um só músculo, uma resistência que é símbolo da expressão: coloque o coração em tudo que faz.

Parede de cassino não tem relógio nem janela, e a razão é simples: o importante é jogar independente de ser dia ou noite.

Aquilo em que você acredita, afeta seu comportamento, portanto acredite nas possibilidades motivadoras. Caso não possa fazer tudo, faça o que é mais importante. Não pense no Futuro olhando o passado. A vida somente termina para quem não sabe recomeçar com motivação.

Descubra as coisas que mantêm sua motivação e pratique-as com o coração.

Vivendo suas aptidões

O RESULTADO DE UMA PESQUISA QUE realizei com universitários e profissionais em início de carreira e bem-sucedidos aponta um fator primordial que poderia ter definido de maneira mais feliz e produtiva a vida de cada um deles.

Hoje, muitos jovens cursam universidades por imposição dos pais ou por uma visão equivocada do mercado de trabalho e, quando terminam o curso, muitos percebem que fizeram o curso errado e acabam atuando em uma área diferente daquela para a qual estudaram.

Dentro das diversas áreas profissionais encontram-se pessoas exercendo atividades e funções incompatíveis com seus desejos.

Nas carreiras já bem-sucedidas, a maioria das pessoas trabalhou e executou um serviço ou praticou uma atividade compatível com o que gostaria de ter feito.

Impulsionar os seres humanos a realizar tarefas incompatíveis ou contrárias às suas reais qualidades e aptidões tem sido uma dura maneira de fazer com que eles não elaborem seu futuro e vivam de acordo com o que o mundo lhes oferece.

Isso vem causando infelicidade e, muitas vezes, fracasso profissional e pessoal a essas pessoas.

Algumas empresas preocupadas apenas com o treinamento, ou seja, aquelas em que o colaborador tem de fazer aquilo que a organização manda, acabam sepultando a capacitação, pois com esse método não permitem que ele ofereça à organização aquilo que tem de melhor. Em vez de semearem dentro de processos organizacionais um campo gerador de talentos, sepultam aptidões.

Toda pessoa tem dentro de si uma aptidão nata e apenas aguarda a oportunidade de colocá-la em prática. Descubra-a antes de atuar em qualquer atividade. Isso será fundamental para você, pois o sucesso é uma combinação de competência e aptidão.

Ser competente é transformar esforço em resultado positivo, e para saber se você está sendo competente basta aferir seus resultados.

Não enfrente a vida sem descobrir sua verdadeira missão.

Procure-a por meio do conhecimento de suas aptidões e não das que querem que você possua. Somente assim você sentirá prazer em tudo aquilo que faz e poderá brilhar em sua existência.

Nenhum mercado de trabalho necessita de um profissional que apenas atenda às exigências, mas sim de um colaborador que as supere.

Somos o que somos porque vivemos onde vivemos e sabemos aquilo que aprendemos. Descobrir e aplicar sua aptidão em busca de sua missão não fará simplesmente de você uma pessoa realizada. Fará muito mais que isso: dará a você a oportunidade de viver a vida que está implícita em sua capacidade humana, trazendo benefícios a todos os envolvidos em sua jornada e ao espaço de vida que ocupa.

Princípio da objetividade

É preciso saber dar início, meio e fim a qualquer assunto que envolva uma conquista pessoal ou profissional. É impressionante o número de pessoas que ainda marca reuniões para depois remarcá-las ou de pessoas que vão para um almoço de negócios e divagam sobre todas as coisas que nada têm a ver com o verdadeiro objetivo do encontro.

Procure comunicar-se de forma esclarecedora e faça suas colocações de maneira ordenada, possibilitando resultados positivos ao momento que está vivendo. Por falta de objetividade, muitas pessoas dividem suas atuações em várias partes, resolvendo em diversas etapas algo que poderia ser resolvido em apenas uma. Vá direto ao assunto e depois se permita estendê-lo com algo que nada tem a ver com ele. Os cursos do prof. Reinaldo Polito são uma ótima ferramenta para desenvolver objetividade na comunicação, assim como seus livros. Foi-se o tempo em que as pessoas tinham de ser "amansadas" para depois serem abordadas. Seja uma pessoa objetiva e depois apare as arestas com cordialidade.

Princípio do foco

Pesquisas mostram que, até os 41 anos, o brasileiro já teve, em média, oito empregos, e continua tentando outros, acreditando que ainda vai acertar. Ao ministrar palestras em universidades, fico impressionado quando pergunto aos alunos: "Quem sabe o que está fazendo aqui?" "Quem acha que chegará ao fim do curso?" "Quantos vão desistir?" "Quem ainda não sabe o que está fazendo aqui?" "Quem está aqui por imposição da família?" "Quem gostaria de estar fazendo um outro curso?" "Quem vai seguir carreira?"

Ainda não é expressivo o número de pessoas que terminam a universidade e realmente seguem carreira. As pessoas formam-se numa área, investem muito tempo e dinheiro num objetivo e depois acabam atuando em outro completamente diferente.

Todos temos a chance de mudar, de trocar de caminhos, mas poucos percebem que não devem mudar o foco. Quando se muda o foco, percebe-se que se empregou muito esforço para obter poucos resultados.

Quando uma leoa sai em caçada e escolhe uma presa, não importa quantas presas da manada caiam aos seus pés, ela persegue aquela que escolheu, razão pela qual seu índice de sucesso é imenso.

Ouço muito: "Troquei de emprego porque já não dava mais", "Larguei a escola porque já não dava mais"... Esse "não dava mais" é pura falta de foco. Quando perdemos o foco, abrimos espaço para a improdutividade.

Faça o que fizer, como puder, mas não tire os olhos de seu foco.

Princípio da disciplina

É bom ver as pessoas começarem algo com entusiasmo, mas triste vê-las largando aquilo que começaram. Pessoas que querem emagrecer e iniciam um regime de seis meses que dura apenas algumas semanas... Pessoas que começam um curso de seis meses que dura dias...

Pessoas que resolvem fazer exercício todos os dias durante o resto da vida e o fazem apenas por uma semana... Pessoas que prometem ser as melhores em seus empregos quando começam a trabalhar e se contentam em ser mais um no rebanho...

A falta de disciplina é o fator que afasta as pessoas das promessas que fazem a si mesmas. Quando fizer uma promessa a você, lembre-se de que está criando uma zona de atenção, uma onda elétrica a mais em seu cérebro e, enquanto isso não for praticado ou esquecido, ele processará esse dado, lembrando-lhe sempre do fato e causando uma sensação de que fracassou em algo. Não seja do tipo de pessoa que afirma a si mesma: "Não consigo terminar nada que começo".

Você pode terminar tudo que começa, basta ter disciplina em sua conduta. Cumpra as etapas que o levarão até a finalização da promessa. Caso seu regime tenha de durar seis meses, cumpra as etapas com disciplina. Tenho certeza de que o resultado será melhor do que se você desistir em algumas semanas.

Princípio da coragem

Muito mais que normas, conceitos e métodos de procedimento, é necessária muita coragem para descobrir que seu futuro depende de você. Empregar suas aptidões em metas compatíveis com suas reais capacidades requer coragem, muita coragem. Coragem para romper paradigmas preestabelecidos em seu íntimo, coragem para vencer os sentimentos de medo e dúvida, coragem para acreditar em seu próprio coração, coragem para descobrir um novo caminho e correr um risco do tamanho de sua vida.

Uma pessoa corajosa consegue superar seus limites e fica mais próxima da perfeição e da felicidade. Quando tudo parece óbvio e fácil, talvez falte coragem para seguir em frente e colocar seus planos de ação em prática. Talvez você seja uma daquelas pessoas com ótima chance de vencer, mas sem coragem de colocar seus objetivos em prática: "Sabe, Cesar, hoje as coisas já não são as mesmas..." Não são mesmo, você perdeu a coragem. Você teria mais brilho se tivesse coragem de viver seus ideais, seria uma pessoa mais feliz, mais realizada, com muito mais para dar do que tem hoje.

"Ah! Eu tenho que vestir esta roupa porque meu marido gosta", "Ah! Eu tenho que usar este paletó porque minha mulher gosta", "Ah! Eu tenho que fazer isso senão dá briga". Sempre aparece um "Ah! Eu tenho que..."

Você não "tem que" nada!

Tire esse "eu tenho que" da sua vida! Faça primeiro para você e por você – lembre-se de que as pessoas só dão aquilo que têm. Se continuar agindo dessa maneira se tornará uma pessoa vazia, que vive falsas crenças e valores e que não terá nada para dar a toda essa turma que acha que você "tem que"...

Toda e qualquer realização necessita de um ato de coragem, que quase sempre aos olhos do mundo, é algo insensato. Não se importe com isso, resgate seu melhor momento, aquela coragem que está aí dentro adormecida e coloque-a em seus passos...coragem não é ausência de medo, é seguir em frente, apesar do medo.

Princípio da raiva

Muitas vezes, deixamos de crescer por cultivar em nosso coração uma dose de raiva. Nesse caso não há dosagem grande ou pequena. Toda raiva é imensa, até mesmo uma única gota dela. Existem coisas que só crescem quando nós deixamos que cresçam. Trabalhe seu coração caso tenha algum tipo de raiva. Com certeza, você já é uma pessoa melhor do que quando gerou esse visitante indesejável. Não há no mundo ninguém e nada que mereça esse sentimento corrosivo.

Um velho índio disse a seu neto, que o procurou com raiva de um amigo que lhe havia feito uma injustiça: "Deixe-me contar uma história. Eu mesmo, algumas vezes, senti grande ódio daqueles que aprontaram tanto sem se arrepender daquilo que fizeram. Todavia, o ódio corrói você, mas não fere seu inimigo. É o mesmo que tomar veneno desejando que seu inimigo morra. Lutei muitas vezes contra esses sentimentos.

"É como se existissem dois lobos dentro de mim. Um deles é bom e não magoa. Ele vive em harmonia com todos ao redor dele e não se ofende quando não se teve intenção de ofender. Ele só lutará quando for certo e da maneira correta. Mas o outro lobo é cheio de raiva. Mesmo as pequeninas coisas o fazem ter ataques de ira! Ele briga com todos, o tempo todo, sem qualquer motivo, e não pode pensar porque sua raiva e seu ódio são muito grandes. E é uma raiva inútil, pois não mudará coisa alguma! Algumas vezes é difícil conviver com esses dois lobos dentro de mim, pois ambos tentam dominar meu espírito", continuou o velho.

O garoto olhou fixamente nos olhos de seu avô e perguntou: "Qual deles vence, vovô?"

O avô sorriu e respondeu baixinho: "Aquele que eu alimento mais freqüentemente".

Alimente seu lobo bom e tenha uma vida de amor e harmonia.

Princípio da ética

Existem pessoas que chegam lá e então vêem tudo desmoronar à sua frente como areia escorrendo entre os dedos. Talvez tenha lhes faltado um dos passos finais a serem dados durante o percurso: a ética. Ser um bom marido, uma boa esposa, um bom filho, uma boa filha, um bom profissional ou um bom ser humano dentro de prerrogativas mínimas da conduta existencial. Algumas pessoas podem acreditar que é muito difícil vencer com ética num país tão conturbado, onde os maus proliferam pela ausência dos bons, porém tenho certeza absoluta de que, embora com ética seja mais lenta sua vitória, nunca, nada ou ninguém a tirará de você, quem vence com ética tem vitória permanente.

Princípio da resiliência

Em alguns momentos da vida, ela nos dobra a ponto de tocarmos nossos joelhos ao chão, chegamos em casa como heróis, mas lá na rua tivemos de aceitar humilhações. Na física existe uma palavra que define a propriedade pela qual a energia armazenada em um corpo deformado é devolvida quando cessa a tensão causadora da deformação elástica: resiliência. Que também pode ser adaptada ao comportamento humano para definir nas pessoas a sua capacidade de vencer dificuldades, adversidades e de retomar sua estrutura ainda mais fortalecida. A pessoa sofre por fatos em sua vida que a colocam em situações de desvantagem, de dor, desespero, a vida a dobra como o vento forte dobra um bambu, mas não a parte em duas.

As pessoas que não se partem são as pessoas que possuem resiliência, e, por não se partirem, terminam por encontrar uma saída para suas adversidades, voltando ao seu rumo de conquistas. Pessoas resilientes não sacrificam sua felicidade, possuem bom jogo de cintura, são persistentes, mas não teimosas, são flexíveis, desenvolvem amor-próprio e autoconfiança e não se sentem diminuídas apesar das dificuldades que enfrentam, mantêm uma postura e uma convicção positiva. Ainda encontram tempo para realizar coisas novas, além de conhecer bem aquilo que fazem, assumem suas responsabilidades, são paradoxais, não se preocupam em parecerem boazinhas diante de outras pessoas, são criativas, otimistas, na espera sempre do melhor, e quando necessário fazem o que não é o esperado.

Pessoas resilientes possuem uma personalidade adaptável, não ficam discutindo para ver quem tem razão. Nem sempre ter razão é a melhor solução.

Se a vida tentar dobrá-lo, faça a opção de ser uma pessoa resiliente, você vai dobrar, mas lembre-se de que a mesma força que o dobrou vai lhe dar um impulso especial.

Princípio do equilíbrio

Compromissos a serem marcados, compromissos a serem cumpridos muitas vezes comprometem os pilares que sustentam nossa vida e nos fazem pensar sobre a necessidade de buscar um melhor senso de equilíbrio, não nos extremos, mas entre os extremos; o ponto de equilíbrio de nossa vida está sempre entre os extremos. Toma-se tempo emprestado da família para aplicar-se na carreira, toma-se tempo emprestado da qualidade de vida para aplicar em festas, toma-se tempo emprestado da crença para aplicar em filmes da moda… e talvez um dia não se tenha como tomar tempo emprestado da família, da qualidade de vida, da crença, pois, de tanto emprestar tempo, já não existem mais. Chega-se a ponto algumas pessoas não saberem o que fazer com seu tempo livre de tão alto o índice de desequilíbrio existencial que atua em suas vidas. A busca por adquirir novas necessidades toma o espaço da simplicidade e levar uma vida simples tem sido muito complicado para muita gente.

Relacionamento com os filhos virou um sistema de amansa criança, em viagem, por exemplo, nada mais de papo, DVD no banco traseiro e as crianças que se divirtam com o filme e não incomodem com suas brincadeiras e tagarelices que um dia os pais vão sentir saudades de não terem vivenciado o suficiente.

Encontrar harmonia entre a vida, a carreira, a família, pessoas queridas e seus sonhos, requer exercício em período integral a fim de não estar longe demais para perder de vista qualquer uma dessas coisas.

Quando não buscamos o equilíbrio nas coisas de nossa vida sempre algo escapa, e nem sempre volta.

A Regra da Reciprocidade

Existem fatores que regem nossa permanência no universo, os quais independem de nossa crença para existirem ou não; eles simplesmente atuam e fazem parte de nossas vidas. Um deles é a Lei da Gravidade, ninguém vê, toca ou consegue mensurar, mas ela está aí atuando sobre todos os corpos do planeta. Não importa se você acredita nela ou não, ela continua a existir, sua crença não tem o menor efeito sobre a existência dela. Ela existe independente de ser invocada, apenas atua. Ao obter todo conhecimento dessa atuação da Lei da Gravidade, o homem fez disso um instrumento para seu desenvolvimento.

Como ela, existe uma outra atuação no universo que chamo de Regra da Reciprocidade. Também não depende de sua crença para existir ou atuar em nossas vidas, mas, ao obter conhecimento sobre ela, podemos criar instrumentos existenciais para nosso desenvolvimento.

Quando alguém não tem nada de diferente para fazer, talvez devesse fazer algo arriscado, como olhar a sua volta e encontrar algo que deixe os problemas pequenos e lhe dê forças para solucioná-los.

Talvez seja arriscado para você conhecer a Regra da Reciprocidade, mas arrisque-se... pessoas podem agüentar qualquer coisa se souberem o porquê.

Você pode afetar a realidade que está vivendo. Nosso cérebro constrói todos os seus conceitos pela memória suscetiva, dar razão à vitimização diária em sua vida pode terminar em realidade, assim como dar razão ao seu desejo de construir um futuro promissor pode terminar em realidade. Uma pessoa educada é aquela que reconhece o significado das coisas e, para conhecer o significado das coisas, precisamos decifrá-las.

Não devemos deixar de desejar tudo o que podemos ser, o desejo é nossa possibilidade de buscar desempenho.

Você não pode tomar uma atitude onde não está, não consegue agir onde esteve, não tem possibilidade de atuar onde estará, você só pode agir exatamente onde está no presente momento.

Todo o universo amplia seu desenvolvimento por meio das atitudes das pessoas, que são maiores do que as posições que ocupam. Novas espécies surgiram no planeta em razão de os organismos vivos transcenderem a posição que ocupam. Você pode transcender o espaço que ocupa, você é maior que ele. O que vale não é a quantidade de atividades que alguém desempenha, mas o nível de eficiência individual em cada uma delas.

Todos queremos entender a natureza do universo e as coisas que o compõem, além daquilo que podemos ver e sentir, e também temos sede de princípios e práticas que façam a vida funcionar. Fazer a vida funcionar, esta é uma das principais funções da Regra da Reciprocidade, fazer sua vida funcionar.

A vida tem muito mais a nos dar do que você pode ver a sua frente. Independente do nível em que esteja, o ponto de partida é sempre pela busca e, mais do que chegar ao destino, devemos aprender com o caminho.

Não terá importância todo o conhecimento que possa adquirir sobre a Regra da Reciprocidade, ela terá efeito em seu Futuro se, realmente, além de conhecê-la, você colocá-la em prática na sua vida.

Lembre-se: ela não precisa de sua crença para atuar em sua vida. O que acontece dentro de sua mente, um dia vai encontrar o caminho para fora dela e vai ancorar direto em sua vida.

Existe um propósito maior em torno de sua criação, mas a amnésia existencial nos mantém distantes desse propósito, nosso coração determina o curso de nossa vida, você é muito mais importante do que pode imaginar. Por nos sentirmos pequenos e temerosos em determinadas áreas de nossa vida, acabamos por fazer o mínimo, quando poderíamos dar o máximo de nós.

Tenha coragem para assumir que você atrai para sua vida qualquer coisa à qual dedica sua atenção, seu foco, sua emoção, sua energia e sua concentração, seja de maneira positiva ou de maneira negativa. Sua vida é uma antena multiplicadora e replicadora de suas mais profundas emoções, sentimentos e pensamentos. Somos seres emissores de vibrações que determinam o grau de influência que diversos fatores vão exercer em nossa atuação existencial.

Você determina o quanto a decepção, a solidão, a tristeza, a confusão, o estresse, a raiva, a mágoa ou a alegria, o amor, a motivação, a abundância, a felicidade, vão realmente influenciar seu comportamento realizador.

O grau de compromisso que você tem com o que acredita é que mensura o nível de seu desempenho e o resultado obtido nas áreas de sua vida. Toda a oposição às suas realizações possui origem no seu campo vibracional; somos os maiores sabotadores de nós mesmos.

A intensidade de nossos desejos não está atrelada a uma didática de materialização e providencias existências contidas nas entrelinhas da vida.

Algumas pessoas possuem o hábito de observar por muito tempo emoções que não são nutritivas em sua carreira, nas finanças, na saúde e nos relacionamentos, e essas observações terminam por criar um padrão repetitivo nos resultados obtidos nessas áreas, tornando permanente um momento que deveria ser transitório.

Permitimos facilmente que coisas desagradáveis se tornem parte de nossa vida e, quando algo de bom acontece, geralmente a reação é dizer: "*isto é bom demais para ser verdade...*" Nosso condicionamento para sofrer está em melhor forma do que o nosso condicionamento de fazer acontecer.

Vivemos aquilo que vibramos. Somos seres vibracionais num Campo Vibracional que nos atende em nossas percepções sobre a vida. Independente de acreditarmos nisto ou não, esse Campo Vibracional está presente, assim como a gravidade. É o Campo Vibracional da Reciprocidade.

Em sua vida, você terá sempre mais do mesmo.

Criamos a nossa própria realidade de maneira inconsciente e terminamos por vivenciá-la de maneira consciente, não tendo a mínima idéia de como tudo isto veio parar em nossa vida, mas na verdade, num profundo exame de nosso íntimo, vamos encontrar as razões para tudo isto ter vindo parar em nossa vida.

Quando esperamos algo da vida, em breve estará a caminho; quando tememos algo da vida, em breve estará a caminho. O que nos impede de muitas vezes conseguir algo que desejamos é o hábito de pensar em desalinhamento com nosso desejo.

As expressões ditas comumente: "*eu não mereço, mas agradeço, não sou uma pessoa digna de tal coisa, é muita areia para meu caminhão*", entre outras, sempre são a mais pura verdade na vida das pessoas que as pronunciam.

Viver é um fluxo energético, construir um futuro faz parte desse fluxo energético, a vida tem como base a liberdade e o resultado da vida é nossa expansão com alegria. Para isto, a compreensão de determinados mecanismos existenciais como a Regra da Reciprocidade é fundamental.

Nosso Código de Orientação Vivencial precisa ser aferido, vigiado e corrigido cada vez que tivermos em nossa mente uma atitude que não seja adequada aos nossos reais objetivos e à consciência de novas possibilidades para nossos desejos.

O caminho do fundo do poço sempre tem uma escadinha livre para quem quer descer e uma mola no fundo para quem quer subir, desce quem baixa o fluxo de sua vibração e sobe quem aumenta o fluxo de sua vibração.

Muitas coisas não acontecem ou deixam de acontecer em nossa vida porque nós não permitimos. Permita que vibrações materializadoras aproximem-se de você. Quando nos concentramos naquilo que desejamos, despertamos uma sensação de bem-estar, e o inverso acontece quando nos concentramos naquilo que não queremos. Você emprega o mesmo nível de energia para sentir-se bem ou não, então escolha atuar com sua energia no que lhe faz bem. Ao prender nossa capacidade de criação do bem-estar com limitações, essas limitações vão terminar prevalecendo. Permita-se concentrar-se mais na presença da abundância do que na falta dela.

Somos a mais inteligente e espiritualizada unidade de carbono deste planeta. Considerando que só temos consciência de dois mil bits de informação dentre os quatrocentos bilhões de bits de informação que processamos por segundo, podemos concluir que, quando rejeitamos novos conhecimentos, nossa percepção está fazendo um protesto, pois ela está deixando de aprender coisas que estamos ignorando.

Somos uma entidade atuando num corpo físico com um campo vibrátil de emoções e realizações, portadores de uma capacidade constante de evolução. Evoluir é nossa missão na existência, e para isto é necessário aceitar que existem forças que atuam em nossa vida independente de crermos nelas ou não; só assim poderemos fazer uso delas em nosso benefício evolutivo.

Recebemos em nossa vida aquilo que sentimos sobre aquilo que pensamos.

Ao invés de aceitar uma realidade que não é agradável, crie uma realidade que lhe seja agradável, depende de você realizar esta escolha. Quando busca pensamentos que o fazem sentir-se bem, você passa a dissolver as resistências naturais que desenvolvemos para sermos melhores. Se quiser chegar a um destino diferente, você não deve permanecer criando a mesma vibração que o trouxe até aqui, você precisa mudar sua atenção, seu foco e sua vibração, ou vai ficar exatamente onde está, obtendo as mesmas coisas que vem obtendo.

Em geral, as pessoas não conseguem tudo o que querem, mas muito daquilo que não desejam. Não entendem como atraem o que lhes chega e olham para o exterior de suas vidas com a intenção de encontrar a resposta, e baseiam-se numa série de fatores já rotulados para explicar ou em razões que terceirizam a culpa por seus insucessos, perpetuando essa tendência e afastando-se da real causa, que é a própria pessoa com seu comportamento desalinhado.

Você cria o seu próprio futuro, mesmo que não compreenda como faz isso, você na verdade não deseja criar algumas coisas, mas na prática termina por fazer exatamente isto.

Você não pode sentir-se de uma maneira e pensar e falar de outra e esperar receber o que está falando ou pensando, porque o que sente influencia o que você atrai.

A união entre seu pensamento e sua emoção tem como resposta o equilíbrio de sua experiência de vida. Se deseja entender o que acontece com seu pensamento, avalie o que está vivenciando agora. Para alterar o estado atual das coisas, você tem de alterar o equilíbrio de seu pensamento, o ponto em que está é o resultado dos pensamentos e sentimentos que desenvolveu no passado, mas o estado para sua futura jornada será conseqüência de sua perspectiva sobre o que você é neste momento.

Assuma a responsabilidade sobre o que lhe acontece e, sob a direção deste controle, você vai achar sua nobre e gratificante liberdade para trazer ao seu futuro tudo de magnífico que puder imaginar, você não está aqui para ser uma pessoa testada ou avaliada, está aqui para evoluir através de seu poder de criação. Aceite apenas em sua vida aquilo que deseja, viva sua liberdade sob a condição de que nada nem ninguém lhe tire seus sonhos, não permita que palavras alheias o afetem mais que sua própria existência.

Reconheça que você é mais do que vê e possui capacidade de expansão nessa experiência física por intermédio do enorme conhecimento e sabedoria que vem de seu interior.

Princípio do impacto de suas atitudes

Às vezes, temos pouca noção do impacto de nossas atitudes em nossa própria vida e na vida das pessoas que nos cercam. Avaliar o impacto de nossas atitudes no ambiente em que atuamos também é uma maneira de escrever seu futuro.

Atitudes de hoje é que escrevem seu destino de amanhã.

Pouca gente tem idéia do impacto de atitudes como desrespeito aos pais, agressão aos filhos, mentir para um amigo, trair um amor, críticas injustas, negar uma ajuda, falta de caridade... Um leve toque de nossas mãos pode movimentar moléculas por todo o universo. Só conseguimos gerenciar em nossa vida as coisas que mensuramos.

– Você já pensou no impacto de suas atitudes no ambiente em que atua?

Por quantas vezes em sua vida um pequeno gesto seu causou tristeza na vida de outra pessoa, por quantas vezes um descaso seu prejudicou a vida de outra pessoa, por quantas vezes sua omissão permitiu que fatos indesejáveis ocorressem...

Por outro lado, uma atitude bondosa vinda de nosso coração pode causar uma linha de expansão do bem.

Antes de tomar uma atitude, avalie o impacto desta atitude no espaço de vida que ocupa.

Princípio da constância e repetição

Quantas vezes desistimos de algo que seria importante para nossa vida pelo simples fato de não termos paciência suficiente para realizar os passos necessários rumo à concretização daquilo que desejamos.

Se você acredita em algo que o fará uma pessoa melhor, descubra quais habilidades precisa desenvolver para atingir esse melhor e pratique essas habilidades com constância e repetição até que essas habilidades se tornem uma extensão de seus pensamentos e ações e sejam algo que aconteça naturalmente em sua vida.

Princípio do falar bem das pessoas

Se não puder ajudar uma pessoa, não a machuque. Não fale mal de ninguém, nem mesmo de quem merece. Não desperdice sua energia criativa com essa atividade. Use seu tempo de relacionamento para novos planos, novos projetos, novas amizades. Seja uma barreira dizimadora desse tipo de assunto. Não desmereça nada, nem ninguém, para se fazer melhor. Aproveite suas conversas para discutir o futuro, realizar alianças estratégicas, dividir uma amizade sincera e dar à sua vida um momento mais promissor.

Princípio de criar ótimas experiências

Guardamos da vida a vida que vivemos. Procure criar ótimas experiências no seu dia-a-dia, indo a lugares que realmente lhe agradam, conviva com pessoas com energia nutritiva. Faça planos que realmente pretende levar adiante. Envolva-se de maneira comprometedora com suas crenças. Dê mais carinho e mais amizade e aceite receber mais carinho e amizade. Abra seu coração para novos horizontes. Procure aprender algo novo toda semana. Mude o caminho para ir ao trabalho e voltar para casa. A cada experiência nutritiva que geramos em nossa vida, ganhamos mais vida. A grandeza é uma questão de escolha e disciplina.

Princípio do seu Anjo da Guarda disfarçado

Sabe aquela voz que nos sopra de vez em quando e fazemos questão de não lhe dar atenção? Ela é nosso Anjo da Guarda. Muitas vezes, sentimos que não deveríamos fazer negócio com tal pessoa, mas lá vamos nós fazer o tal negócio com a tal pessoa, embora algo nos diga para não fazermos. Como não ouvimos essa voz, ela age de outra maneira. Vai até o ouvido da tal pessoa e sopra algo que só ela sabe que nós não vamos gostar de ouvir. Não gostamos do que ouvimos e saímos de lá descontentes com aquela pessoa.

Agradeça, foi seu Anjo da Guarda protegendo-o e forçando-o a seguir por um outro caminho. Ou você ouve essa voz interior ou ela vai lhe falar através de outra pessoa e o motivo é simples, ela quer que você dê certo. Mas, quando você não ouve sua voz interior e não a reconhece disfarçada numa mensagem de outra pessoa, lamento, mas com certeza, vai conhecer uma amarga experiência. Preste mais atenção aos detalhes de sua vida que são ocultados pelo orgulho que muitas vezes precede a queda.

Princípio de abandonar suas certezas

Temos de estar prontos para nos despedir de nossas certezas a todo momento. Quem faz isto com naturalidade, tem mais chance de ser feliz em suas realizações; quem faz isto com dificuldade, sofre e afasta-se de oportunidades.

Desde nosso nascimento temos abandonado nossas certezas. Quando você era apenas um bebê, chorava e tinha certeza de que sua mãe lhe daria o peito para mamar, um dia você chorou e tinha certeza de que ela lhe daria o peito e você teve de aceitar uma mamadeira e ali perdeu sua certeza de que, se chorasse, iria ganhar o peito para mamar.

Pode ser que você tivesse certeza de que nunca perderia aquele emprego, tivesse certeza de que aquela pessoa era uma amizade de confiança, tivesse certeza de que seu amor nunca iria fazê-lo sofrer, tivesse certeza de que tudo seria diferente e nada aconteceu de acordo com sua certeza.

Nossa certeza sobre as coisas nos coloca numa posição muito rígida diante de tudo que nos acontece, perdemos nossa flexibilidade de pensar, sentir, agir e decidir por uma retomada promissora. Quantas pessoas sofrem por não terem abandonado suas certezas, mesmo depois de elas terem desaparecido de suas vidas. A força de nossa certeza dura até conhecermos uma certeza nova ou maior.

A Era da Pedra não terminou por falta de pedra, mas sim porque os mesopotâmios, há 3500 a.C., descobriram o cobre.

Princípio de administrar seu tempo

Eis a matéria-prima de sua vida: Tempo.

Devemos administrar nosso tempo, pois é nele que nossa vida encontra meios de acontecer. Ele é um recurso que pode nos ajudar na materialização do nosso destino, objetivos, ações, realizações, enfim, de nossa existência.

Em nosso primeiro sopro de vida, o Universo nos confiou o Tempo e um dia ele irá inspirar este mesmo Tempo que nos confiou e vai nos perguntar: "*o que você fez com o precioso Tempo que lhe concedi?*"

Torne sagradas suas prioridades

ACREDITO QUE A VIDA SEJA FEITA EM NÍVEIS de prioridades, aqueles pequenos atos praticados no dia-a-dia que acabam tornando-se hábitos saudáveis, nutritivos e transformadores. Estipular pesos e medidas para seu comportamento poderá mantê-lo sempre dentro de uma linha de conduta mais próxima aos fatos que podem gerar resultados positivos. Estou falando em tornar-se uma pessoa que respeita seus objetivos de vida a ponto de reverenciá-los todos os dias por meio de pequenas atitudes diferenciadas, motivadoras e com poder de reflexão.

Desenvolva pequenas atitudes, todos os dias, que possam mantê-lo no caminho e não o deixar desistir. Atribua a elas um grau de prioridade. As prioridades servem para: manter nossa tradição de vida e nos afastar da grande mentira de que somos vítimas de um destino e não de nossas escolhas e decisões. Gerações e gerações atravessaram os tempos mantendo e respeitando o que lhes era Sagrado. Esses atos, por vezes tão pequenos, têm o poder de nos fazer vislumbrar momentos que ainda não vivemos e que sabemos que precisamos e devemos viver. São comportamentos desenvolvidos para fortalecer seu íntimo, sua auto-estima e confiança naquilo que acredita. Comportamentos que se tornam hábitos sagrados ao perpetuar seus valores e princípios. Quando seu coração não encontrar mais motivos para continuar, invente um.

Princípio da idade

Quando o peso dos anos der uma badalada, ressoando gravemente, procure fazer algo que o transporte às alegrias da infância. Numa tarde, estava com meu filho Breno numa loja de construção, comprando algumas coisas que sempre precisam ser substituídas numa casa. Ele me puxava e dizia: "Isso aqui dá pra fazer um balanço, pai". Mas sempre estamos ocupados para os pedidos dos pequenos... Então, ele surgiu à minha frente com um pequeno pedaço de tábua e uma corda... Entendi a mensagem... Larguei o que estava procurando e juntos ficamos naquela seção, colhendo material para fazer um balanço. Ao chegar em casa, ele escolheu o galho da árvore, no jardim, e com aquele pedaço de tábua, uma corda e uma furadeira, fizemos nascer um balanço. Assim que ficou pronto, ele foi logo testando... Ao ver meu filho indo e vindo naquele balanço feito com um simples pedaço de tábua e uma corda, pude sentir e reviver alguns momentos de minha infância e rejuvenescer por meio da alegria de meu garoto, indo de lá para cá como se realmente pudesse voar.

Nossa idade tem de ser medida pela disposição que temos para vivenciar e reviver experiências que possam fazer nossas emoções bater mais forte e nos conduzir a um motivante estado de espírito. Esquecer a idade e rejuvenescer sempre que possível.

Princípio do melhor dia

Esperar o melhor dia pode fazer com que você perca o seu melhor dia. Pessoas que usam sua melhor roupa na missa de domingo ou na festa do amigo, que usam seu carro novo só para viajar... Quando eu era criança, uma vizinha tinha em sua casa uma linda cristaleira cheia de belas louças, e ninguém podia nem chegar perto dela. Ela dizia que aquelas louças eram para ser usadas somente quando alguém importante visitasse sua casa. Como ninguém importante a visitou, aquelas louças nunca foram usadas. Namorados que deixam o fim de semana para um encontro romântico, casais que têm dia certo para trocar um carinho, pessoas com hora marcada para ser felizes e que somente serão felizes quando... quando... quando... terminam por ser escravas do quando... quando o mundo mudar... quando alguém me amar... quando eu tiver forças... quando... E, quando percebem, o tempo já passou e levou com ele aqueles que poderiam ter sido os melhores dias de sua vida.

Ao ganhar um presente, eu o coloco imediatamente em uso. Em casa vestimos a melhor roupa todos os dias, usamos as melhores louças todos os dias, porque hoje, agora, é o melhor dia.

Princípio da boa causa

O bem deve ser nosso destino em tudo que decidirmos realizar, se a causa for boa, o caminho aparecerá. De alguma maneira, temos de prestar algum tipo de serviço através de nossas atividades que realmente possam fazer alguma diferença para nós e para quem recebe. Liberte sua vida através da simplicidade, crie excitantes aventuras existenciais. Cuide de suas necessidades legítimas, não busque muito daquilo que não é verdadeiro. Nossa verdadeira satisfação não vem do ato de se ter de tudo, mas sim de se ter exatamente aquilo que se necessita. O ócio acende os nossos desejos intelectuais, o cansaço os extingue. A voz da alma faminta é a confusão, a inquietação é um constante e incômodo sentimento de se estar sempre com muito por se fazer. Descubra seu especial talento, descubra seu verdadeiro propósito, sua verdadeira paixão, descubra o que realmente faria com prazer por toda sua vida. Quem julga um gato por sua capacidade de nadar e mergulhar, vai acreditar que o gato é um idiota. Somos bons em algumas coisas, ruins em outras e ótimos em alguma coisa, onde você é uma pessoa ótima – eis seu melhor talento. Seja a diferença que faz a diferença, seja você a transformação que quer ver no mundo.

Princípio da mudança

Todos os dias algo muda à minha volta, meus filhos cresceram, estão com novas idéias, os caminhos tranqüilos para os locais de minhas palestras já não são tão tranqüilos e eu não me sinto hoje a mesma pessoa de ontem, mudei minha opinião sobre alguns assuntos.

Algo mudou, algo sempre muda e vai continuar mudando. Entre o surgimento da linguagem e o da escrita, sucederam-se

1400 gerações. Atualmente, no intervalo de uma mesma geração, cerca de vinte anos, novos paradigmas científicos e tecnológicos são inventados, descartados e reinventados. Alguns computadores como o Blue Gene/L da IBM já realizam uma simulação com 30 milhões de conexões existentes entre 10 mil neurônios numa coluna do neocórtex, talvez a mais complexa camada do cérebro humano. É essa a área responsável por funções como a memória, a linguagem e o aprendizado. Pesquisadores estimam que em dez anos criarão um modelo computacional completo do cérebro. O Blue Gene/L tem capacidade de processamento de 478,2 trilhões de operações por segundo e não é mais o primeiro no *ranking* dos supercomputadores mais rápidos do planeta; perdeu em 2008 o posto para o Roadrunner, que executa 1 quatrilhão de tarefas por segundo e este já perdeu seu posto para o supercomputador... e assim vai seguir a dança da superações "capacitacionais" neste ambiente de mudanças.

A genética já realiza milagres, mas perceba que o ser humano continua nascendo com duas pernas, dois braços, duas orelhas, dois olhos e um cérebro... Todas essas mudanças à nossa volta são um reflexo de nosso sistema comportamental em relação a novos aprendizados e descobertas. Nada estaria acontecendo do lado externo se algumas pessoas não promovessem um avanço em seu sistema comportamental em relação a diversas matérias.

A principal pergunta sincera que devemos nos fazer é: quais são as mudanças que preciso promover em minha vida hoje para ser o que desejo ser amanhã?

É necessária coragem para perguntar, coragem para promover e mais coragem ainda para acreditar que é possível. O universo acompanha o formato de nossas escolhas e decisões, temos de aperfeiçoar nossas escolhas e tomar decisões cada vez melhores.

Meu filho Arthur quer ser biólogo e leva muito jeito para isto, pois tem uma relação impressionante com a natureza. Uma vez ele me disse que não era possível alguém entusiasmar uma planta a crescer e ficar bonita. Não é o fato de tentarmos convencer uma planta a ser bonita que a tornará bonita, o que a fará especial é o cuidado que teremos com sua semente e sua manutenção ambiental.

Talvez você não se convença de que a mudança faz parte da evolução das pessoas, mas cuide de sua semente hoje para colher seus planos amanhã.

Não basta decidir mudar, mudanças precisam ser promovidas com disciplina, planejamento, dedicação, comprometimento, boa intenção, flexibilidade e respeito próprio.

Muitas pessoas não resistem às mudanças; na realidade, elas resistem a serem mudadas e nada muda sem uma transformação pessoal.

Esperar a mudança bater à sua porta vai lhe causar a necessidade de mudar, e ela sempre vem acompanhada de alguns dissabores; porém, se você decidir promover as mudanças, elas virão acompanhadas de vibração, entusiasmo e prazer nos resultados. Você pode escolher entre dois tipos de mudanças: as mudanças que a vida lhe impõe e as mudanças que você planejou promover em sua vida.

Algo com certeza vai mudar em sua vida, ou pela vida ou por você, faça sua escolha em direção a novos aprendizados.

Em francês arcaico, o significado para o verbo *changer* era: "contorcer-se" ou "desviar-se", como uma árvore ou vinha em busca do sol.

Faça o que precisa ser feito, mas coloque-se diante do sol de sua vida.

Princípio das coisas que não quero esquecer

O tempo, muitas vezes, afasta de nossa mente e de nosso coração muitos momentos de nossa vida, como se eles nunca tivessem acontecido. Alguns até agradecemos por serem levados pelo tempo, pois nos fizeram sofrer, mas outros nos deram sopro de vida para continuarmos, e estes jamais deveríamos esquecer, mas esquecemos, o tempo também leva muitos deles.

No passado talvez uma pessoa amiga tenha lhe feito algo de muito bom e hoje, não por ingratidão, mas pelas próprias circunstâncias da vida, você não se lembra mais dessa pessoa ou do bem que ela lhe proporcionou; afinal, com essa correria frenética de hoje, às vezes nem nos lembramos do que tomamos no café-da-manhã.

Não existe mal nisso e facilmente podemos nos desculpar com nós mesmos. Mas é duro se autodesculpar quando um filho nos pergunta qual foi a primeira palavra que ele disse quando bebê, quando uma esposa pergunta se o marido lembra da roupa dela no primeiro encontro, qual foi a primeira vez que ela recebeu flores dele ou quando um amigo lhe pergunta se ele se lembra de como se conheceram...

Todas as nossas desculpas são aceitas, claro – mas não deveria ser assim. Se aquele momento foi tão importante para sua vida, deveria fazer parte dela de alguma maneira durante o máximo de tempo possível.

– Mas como fazer isto, voltar no tempo de adolescente e escrever um diário?

A minha resposta teve início num 24 de maio, que é o dia de meu aniversário, quando minha irmã Rosana me presenteou com um exemplar de um livro com páginas em branco, um livro lindo, capa dura envelhecida, folhas em vergê bege, com aparência de um livro antigo, que, de tão bonito que é, ficou por muito tempo em minha mesa e me deixou pensando o que faria com ele.

Um dia, meu filho Arthur, com sete anos, me ligou a cobrar do recreio da escola. Quando se liga a cobrar, a gravação telefônica diz: "*após o sinal, diga o seu nome e a cidade de onde está falando*". Quando a ligação completou, ele disse: "*Pai, é o Arthur da cidade de São Paulo e do Brasil*".

Achei demais, uma graça, e pensei: "não posso esquecer este momento". Então, olhei para o livro em cima de minha mesa. Abri o livro e na primeira página escrevi: ***Coisas que não quero esquecer.***

Desse dia em diante, todas as coisas legais de minha vida registro nesse livro e, cada vez que o folheio, sinto tanta alegria em reviver aqueles momentos especiais que agora não serão levados pelo tempo, pelos frenéticos dias, por falha de meu coração ou de minha memória.

Quanto às coisas que quero esquecer, já esqueci...

Conclusão

Você pode encontrar muitas razões para não mudar, mas existem muitas razões para você mudar.

Você pode sentir que tem mais a oferecer do que o mundo está vendo, pois muitas vezes tenho certeza de que, ao pensar em seu futuro, você se vê de um jeito melhor e, quando volta para a realidade, tem uma sensação inquietante de que existe algo a ser libertado. Nossas explicações podem mudar, mas nossos resultados permanecem.

Nada nem ninguém pode forçá-lo a ser menos do que você decidiu ser.

Não importa qual seja sua história, ela merece um final feliz e terá um final feliz. Você é uma pessoa importante para o Universo, por isso está aqui, sua existência faz parte de um plano maior, mas você precisa inserir-se nesse plano, não sendo vítima de sua história, mas sendo a pessoa que escreveu sua própria história, amando, respeitando, servindo ao próximo, realizando inovações, praticando o Bem e sendo muito feliz.

Você nasceu uma pessoa única, não seja uma cópia do que é comum no mundo, ele precisa daquilo que você tem de melhor, as pessoas que ama também precisam do que você tem de melhor, existem infinitas possibilidades de mudar sua realidade, basta dissolver-se nas descobertas.

Nada pode invalidar sua postura de obter da vida aquilo que está em sua mente e seu coração, a não ser sua própria condição de como atuar em sua existência.

A melhor maneira de se preparar para todos os momentos do futuro é estar totalmente consciente do presente.

Não espere as coisas acontecerem em sua vida para ser feliz, seja feliz enquanto as coisas ainda não aconteceram.

Bibliografia

ARNTZ, William, CHASSE B., VICENTE, Mark. *Quem somos nós?* Rio de Janeiro: Prestígio, 2007.

CHOPRA, Deepak. *A realização espontânea do desejo*. Rio de Janeiro: Rocco, 2005.

CLOVIS, Tavares. *Superdicas para ensinar a aprender*. São Paulo: Saraiva, 2008.

COELHO, Paulo. *O alquimista*. São Paulo: Planeta, 2008.

COVEY, Stephen R. *A grandeza de cada dia*. Rio de Janeiro: Sextante, 2008.

CURY, Augusto. *Treinando a emoção para ser feliz*. São Paulo: Academia de Inteligência, 2004.

GEHRINGER, Max. *Emprego de A a Z*. São Paulo: Globo, 2008.

GODRI, Daniel. *Superdicas para ensinar a aprender*. São Paulo: Saraiva – SP, 2008.

GRETZ, J. R. *Superdicas para ensinar a aprender*. São Paulo: Saraiva, 2008.

JULIO, Carlos Alberto. *Superdicas para ensinar a aprender*. São Paulo: Saraiva, 2008.

HICKS, Jerry e Esther. *A New Beginning I*. San Antonio (EUA): Abraham-Hicks Publications, 1998.

HICKS, Jerry e Esther. *Ask and It Is Given*. Carlsbad (EUA): Hay House Inc., 2004.

HICKS, Jerry e Esther. *Law of Attraction*. Carlsbad (EUA): Hay House Inc., 2006.

HICKS, Jerry e Esther. *O extraordinário poder da intenção*. Rio de Janeiro: Sextante, 2008.

HICKS, Jerry e Esther. *O universo conspira a seu favor*. Rio de Janeiro: Ediouro, 2008.

KELLY, Matthew. *O ritmo da vida*. Rio de Janeiro: Sextante, 2006.

KLEIN, Stefan. *A fórmula da felicidade*. Rio de Janeiro: Sextante, 2005.

LEAL, Ruy. *Superdicas para empreender seu próprio negócio*. São Paulo: Saraiva, 2008.

LOSIER, J. Michael. *A lei da atração*. Rio de Janeiro: Nova Fronteira, 2007.

LUDWING, Waldez Luiz. *Superdicas para ensinar a aprender*. São Paulo: Saraiva, 2008.

MAGALHÃES, Dulce. *Superdicas para ensinar a aprender*. São Paulo: Saraiva. 2008.

MANDINO, Og. *A escolha certa*. Rio de Janeiro: Record, 1985.

MANDINO, Og. *O maior milagre do mundo*. Rio de Janeiro: Record, 1979.

MANDINO, Og. *O maior sucesso do mundo.* Rio de Janeiro: Record, 1981.

MANDINO, Og. *O maior vendedor do mundo*. Rio de Janeiro: Record, 1968.

MANDINO, Og. *Universidade do sucesso*. Rio de Janeiro: Record, 1985.

MARINS, Luiz . *Desmistificando a motivação*. São Paulo: Harbra. 2007.

MAXWELL, John C. *O livro de ouro da liderança*. São Paulo: Thomas Nelson Brasil, 2008.

MUSSAK, Eugenio. *Caminhos da mudança*. São Paulo: Integrare, 2008.

NAVARRO, Leila. *Superdicas para ensinar a aprender*. São Paulo: Saraiva, 2008.

PETERS, Tom. *Reimagine!* São Paulo: Futura, 2004.

POLITO, Reinaldo. *Superdicas para falar bem em conversas e apresentações*. São Paulo: Saraiva, 2005.

POLITO, Reinado. *Cómo hablar bien en público*. Madri: EDAF, 2004.

POLITO, Reinaldo. *A influência da emoção do orador*. São Paulo: Saraiva, 2005.

PRAHALAD, C.K.. *Competindo pelo futuro*. Rio de Janeiro: Campus, 2005.

PRAAGH, James Van. *Em busca da espiritualidade*. Rio de Janeiro: Sextante, 1999.

RIBEIRO, Lair. *Educando com amor e responsabilidade*. Belo Horizonte: Leitura, 2007.

RIECKEN, Claudia. *SobreViver*: instinto de vencedor. São Paulo: Saraiva, 2007.

ROMÃO, Cesar. *A semente de Deus*. Rio de Janeiro: Sextante, 2006.

ROMÃO, Cesar. *Superdicas para motivar sua vida e vencer desafios*. São Paulo: Saraiva, 2007.

RYRIE, Charles Caldwell. *A Bíblia anotada*. São Paulo: Mundo Cristão, 1991.

SCHOPENHAUER, Arthur. *Como vencer um debate sem precisar ter razão*. Rio de Janeiro: TopBooks, 2003.

SENGE, Peter. *A dança das mudanças*. Rio de Janeiro: Campus, 1999.

SOUZA, César. *O caminho das estrelas*. Rio de Janeiro: Sextante, 2008.

TIBA, Içami. *Quem ama educa*. São Paulo: Integrare, 2007.

TOFFLER, Alvin. *O choque do futuro*. Rio de Janeiro: Record, 2001.

VEJA, Revista. São Paulo: Abril, ano 41, nº 2078, 2008.

VIANNA, Marco Aurélio Ferreira. *Líder diamante, o sétimo sentido*. São Paulo: Saraiva, 2008.

VIEIRA, Aonio. *Sorria com saúde*. São Paulo: Novo Século, 2008.

ZIGLAR, Zig. *Automotivação, alta performance*. São Paulo: Mundo Cristão, 2008.

ZIGLAR, Zig. *O melhor caminho para sua vida*. São Paulo: Thomas Nelson Brasil, 2007.

Conheça outros títulos do autor

Tudo vai dar certo

Por que queremos tanto ter sucesso? Por que queremos sempre ter razão? Vivemos cercados de interrogações... Refletir sobre a vida é fundamental para nosso crescimento pessoal, mas muitas vezes ficamos paralisados pelas dúvidas e incertezas e não conseguimos passar do plano das idéias para o das ações.

Neste livro, com singelas mas profundas passagens autobiográficas, Cesar Romão nos mostra como, ao querermos ser detentores da verdade, desperdiçamos momentos de grande prazer, e nos convida a assumir o papel de aprendizes. A primeira e valiosa lição de vida que nos dá é acreditar, intimamente, que tudo vai dar certo.

Tente outra vez

Pare de encontrar desculpas para tudo o que não deu certo em sua vida. Deixe de lamentar tudo o que poderia ter feito, mas não fez; tudo o que poderia ter sido, mas não foi; tudo o que poderia ter amado, mas não amou – tudo, enfim, que tinha para viver, e não viveu. Dê uma nova chance a você mesmo. Em *Tente outra vez*, Cesar Romão compartilha experiências próprias e de outras pessoas para inspirá-lo e fazê-lo recuperar a vontade de reconquistar o que deixou pelo caminho ou buscar novos horizontes. Para atingir seus objetivos e sentir-se plenamente realizado, você tem de ser o primeiro a acreditar em si mesmo.

Este livro foi composto em Perpetua
para a Editora Academia de Inteligência
em novembro de 2008